포이맨 100클럽
1 0 5

찬 송
The Praise

포이멘 105
「찬송」을 시작하면서

세상에 여러 장르의 음악과 많은 노래가 있습니다. 그 특징은 세 가지로 나눌 수 있습니다. 하나는 육체의 쾌락을 자극하는 것입니다. 두 번째는 정신적인 음악입니다. 마음을 진정시키기도 하고 흥분시키기도 합니다. 때로는 마음에 안정을 주기도합니다. 예를 들면 가곡이나 고전음악들입니다. 그러나 위의 두 장르는 잠시의 쾌락과 기쁨, 그리고 안정을 줄뿐입니다. 세 번째 영혼의 노래인 찬송이 있습니다. 음악을 모르는 사람도 찬송은 감동을 줍니다. 영원한 생명의 샘을 맛보게 됩니다. 왜냐하면 찬송은 하나님의 임재와 역사하심을 경험하기 때문입니다.

찬송을 부르세요. 하루를 시작하는 첫 시간 첫 입술을 벌려 하나님을 찬송하십시오. 첫 말, 첫 노래에 따라 하루의 삶이 달라집니다. 찬송을 들으세요, 처음 들은 소리가 무엇이냐에 따라 하루종일 그 리듬을 따르게 되기 때문입니다. 하루는 그 사람의 일생입니다. 그러므로 시작하는 그 시간 하나님을 찬송하며, 찬송을 부르고 들으며 생활한다면 새로운 생활의 기쁨을 맛보게 될 것입니다. 왜냐하면 하나님은 찬송 중에 거하시며 찬송을 통하여 역사하시기 때문입니다.

찬송을 통하여 놀라운 능력을 체험하게 될 것입니다. 찬송을 부르는 동안 사람의 마음이 바뀌며, 생각이 달라지며, 마음이 행복해 질 것입니다. 또한 찬송하는 중에 잘못된 관계들이 정상화되고, 회복되고, 치유되는 것을 경험하게 될 것입니다. 바라기는 이 찬송이라는 제목으로 공부하는 것이 시작이 되어 여러분의 삶에 찬송으로 충만하시기를 바랍니다.

2003년 10월
목사 이규동

포이멘 교재를 다루면서

1. 교재 '포이멘' ($\pi o\iota\mu\eta\nu$)은 '목자' 라는 뜻입니다.

   그리스도인의 목자는 예수 그리스도이십니다. 우리는 그의 양과 같습니다. 목자는 양을 인도하며 보호하고, 양은 목자를 따릅니다. 양에게 좋은 목자 같으신 예수님을 따라 한 걸음씩 발을 맞추고자 합니다. 길과 진리와 생명 되신 예수님과 그의 복음을 따라 점점 신앙이 성숙하도록 구성되었습니다. 목자의 심정으로 신앙인으로 하여금 이 시대를 하나님의 리듬에 맞추어 살도록 격려하고 위로하기 위하여 체계적으로 편집되었습니다. 즉, 전인적인 신앙생활에 도움이 되기 위하여 믿음으로 보고 생각하고 느끼며 결단하는 성경공부가 되었으면 합니다.

2. 본 교재는 4단계 총 20가지의 주제로 되어 있습니다.

   각 그룹의 특성대로 선택하여 성경공부를 할 수 있습니다.

   100클럽 : 기본적인 신앙생활의 원리를 다룹니다.

   　　101 기도, 102 신앙생활, 103 전도,

   　　104 성경, 105 찬송

   200클럽 : 신앙의 본질적인 면을 다룹니다.

   　　201 예수의 복음, 202 하나님, 203 성령,

   　　204 지혜, 205 신앙인의 복

   300클럽 : 봉사하는 섬김의 도를 배우게 됩니다.

   　　301 치유하는 공동체, 302 용서, 303 봉사,

   　　304 사랑, 305 직업

   400클럽 : 성숙한 신앙인으로서 사명적 삶을 다루게 됩니다.

   　　401 인내(소망), 402 헌신, 403 증인의 길,

   　　404 청지기, 405 리더십

3. 본 교재의 특성

1) 기독교의 근본인 예수 그리스도의 복음을 중심으로 성경을 보도록 훈련하고 있습니다. 성경에는 모세의 율법과 선지서, 그리고 복음서와 서신서 등이 서로 상반된 교훈을 하는 경우가 있습니다. 이에 포이멘 교재는 예수 그리스도와 예수의 복음 그리고 복음서를 중심으로 생각하고 결단하도록 했습니다.

2) 기존의 주제별 교재는 통일된 양식으로 되어 있어 몇 권의 책을 다루면 실증나는 경우가 있었습니다. 그러나 포이멘 교재는 그룹들간의 양식에 변화를 주어 같은 형식의 틀을 깨고 여러 방법으로 다양한 경험을 하도록 조금씩 변화를 주었습니다.

   100클럽에서는 각과의 제목을 몇 개의 항목으로 나누어 주제를 구체화하며 참고 성경구절을 찾도록 하였습니다.

   200클럽에서는 교재에서 성경을 찾아 주고 그 의미를 생각하고 진리를 발견하도록 편집하였습니다.

   300클럽에서는 100클럽과 200클럽의 형식을 함께 사용하였으나 성경의 진리를 실천하도록 편집하였습니다.

   400클럽에서는 사역자로서의 자질과 자세에 대하여 다루고 있습니다.

3) 기존의 주제별 교재는 많은 성경을 찾아 스스로 결론을 내도록 되어 있으나 포이멘은 주제와 각 항목을 뒷받침하는 성경을 두세 가지만 찾도록 되어 있습니다. 그러므로 제시된 성경을 다 찾거나 한두 구절만 찾아도 그 의미를 발견하도록 되어 있습니다.

4) 기존의 교재는 특수 선교회를 중심으로 작성되어 결론을 찾기에 어려움이 있으나 포이멘은 목회자가 집필함으로 목회적입니다. 목회자가 인도하는 경우 주제에 맞게 각 교회의 특성을 따라 인도할 수 있도록 하였습니다.

5) 기존의 주제별 교재에는 교회론이 없으나 포이멘은 교회론(치유하는 공동
   체)이 있습니다.

4. 실제적인 운영방법에 대하여

1) 대상에 따른 활용과 소용시간 : 목회자나 청년과 장년을 대상으로 개인이나
   그룹이 사용할 수 있습니다. 목회자의 경우 주제별로 정리하여 제목설교,
   새벽기도회나 세미나에 활용할 수 있습니다. 개인은 새롭게 신앙을 정립하
   기 위하여 사용할 수 있습니다. 그룹인 경우 성경공부 반이나 청년회나 구
   역예배, 권찰회에 체계적으로 성경을 공부할 수 있습니다.
    개인 성경공부는 다소 차이가 있으나 30~40분이 소요됩니다. 그룹인 경
   우 강의식으로 하는 경우 50분 정도 걸립니다. 그러나 성경공부 반인 경우
   1시간이 소요되도록 하였습니다.
2) '외울 말씀' 은 꼭 외우도록 하고, 출석을 부를 때 반드시 확인하도록 하시
   기 바랍니다.
3) '살펴보기' 는 함께 찾고 함께 읽도록 합니다. 인도자는 간단한 추가 설명을
   해주십시오.
4) '생각과 나누기' 는 빈칸에 기록하고 기록한 것은 반드시 읽도록 합시다. 읽
   거나 발표할 때는 3분 이내로 모두에게 똑같은 시간을 할애하시기 바랍니다.
5) '준비하기' 는 두 가지 유익이 있습니다. 하나는 주제에 맞는 훈련을 하게
   되어 있습니다. 둘째로 성경공부팀이 서로 관심을 가지고 흩어져 있어도 서
   로 위로하고 하나되는데 중요한 역할을 합니다.
6) 기도 노트를 준비하고 항상 기록하고 스스로 확인하도록 합시다.
7) '☞' 표는 이해를 돕는 것입니다.

차 례

찬송의 기본 요소

 **읽을말씀** 시편 111편

이 해 돕 기

　　15세기 이태리에 레오나르도 다 빈치는 유명한 화가요, 조각가이며, 건축가이고 과학자로 잘 알려져 있습니다. 그의 나이 43세 때, 밀란에 두도빙코가 예수님의 마지막 만찬을 그려 달라고 부탁을 받아 온 정성과 심혈을 기울여 예수님의 마지막 만찬을 완성했습니다. 열두 제자를 세 사람씩 무리 지어 좌우에 놓고, 중앙에는 예수님이 오른손에 잔을 들고 계시도록 그려 놓았습니다. 작품이 완성되었을 때 절친한 친구에게 그림을 보여주며 의견을 물어 보았습니다. 그 그림을 본 친구는 최대의 걸작품을 보며 경탄을 마지않았습니다. 특별히 예수님 손에 들려진 은잔이 어찌나 섬세한지 그 컵에서 대하여 멋진 평을 해 주었습니다. 그 말을 듣는 순간 다빈치는 붓을 들어 컵을 지워버렸답니다. 왜냐하면 이 그림에서 강조는 예수 그리스도 이외에 어떤 것도 될 수 없기 때문입니다. 무엇이 신앙에 중심입니까? 또한 나의 삶의 중심은 무엇입니까? 찬송은 하나님을 중심으로 한 마음에서 우러나오는 신앙고백입니다.

　　찬송은 하나님 앞에서 하나님께 드리는 인간의 최고, 최선의 노래입니다. 세상의 다른 노래와는 대상과 목적이 다릅니다. 왜냐하면 지극히 높으시고 거룩하신 하나님께 드리는 것이기 때문입니다. 그러므로 찬송은 하나님을 높이고 경배하며, 그 분을 기쁘시게 하는 것입니다. 이제 찬송의 기본 요소를 알아보도록 하겠습니다.

1 찬송은 신앙인이 부르는 신앙적인 노래입니다.

찬송의 기초는 하나님께 대한 신앙입니다. 하나님의 존재하심을 경험하고 믿음으로 시작되는 것입니다. 찬송은 신앙인의 노래입니다. 신앙인은 믿음으로 세상을 봅니다. 믿음으로 역사를 봅니다. 자신의 모든 삶을 보며 하나님 앞에서 노래하는 것입니다. 그러므로 찬송은 언제나 하나님을 주제로 믿음의 사람들이 부르는 것입니다.

시편 59:17

시편 135:1-2, 19-20

시편 138:1

2 찬송은 곡조있는 기도입니다.

하나님과의 만남 가운데 기본 표현이 기도입니다. 기도는 영이신 하나님과 나누는 영의 대화입니다. 기도로 신앙을 고백하며, 기도로 상황을 하나님께 맡기며, 소원을 아룁니다. 이것이 리듬을 탈 때 찬송이 됩니다. 그러므로 찬송에는 자신의 어려운 상황이 있고, 소원이 있고, 헌신이 있습니다. 그래서 찬송을 '곡조있는 기도' 라고도 합니다.

시편 130:1

시편 139:23

시편 143:1

3 **찬송은 신앙인의 영혼의 소리입니다.**

찬송은 두 가지 방법이 있는데 하나님은 마음으로 드리는 찬송과 소리를 내어 부르는 것입니다. 마음으로 드리는 것도 좋지만 진정한 찬송의 효과는 소리를 낼 때 더욱 큽니다. 이에 더불어 몸을 움직이며 손뼉을 치든지 춤을 추며 악기를 사용할 수도 있습니다. 찬송은 하나님께 드리는 아름다운 신앙의 소리입니다.

시편 150편

4 **찬송은 신앙인의 생이 담긴 삶의 리듬입니다.**

인생의 굴곡이 있는 것처럼 소리의 높고 낮음, 그리고 길고 짧음을 통하여 신앙생활 모두를 하나님께 드리는 것입니다. 아름다운 리듬으로 하나님을 찬송해야합니다. 시편의 표제들 중에서 쉽게 찾아 볼 수 있습니다.

시편 44-47, 51-69, 75-77, 81편 등

5 **찬송은 영원 속에 함께 하는 것입니다.**

인간은 일정한 기간을 살다가 죽습니다. 그러나 하나님은 영원하십니다. 이전의 조상들의 하나님은 오늘 우리의 하나님이십니다. 동시에 앞으로 오는 모든 시대의 하나님이십니다. 과거에 믿음의 선진들이 하나님을 찬양한 것처럼 오늘 우리가 찬양하고, 우리의 후손들도 하나님을 찬양할 것입니다. 영원히 찬양되는 찬송의 한 부분을 내가, 그리고 우리가 부르고 있는 것입니다.

시편 145:1, 4

요약클럽

찬송은 세상의 노래와는 다릅니다. 단순한 감정의 노래가 아니기 때문입니다. 찬송은 부르는 사람의 믿음을 기초로 하고 있습니다. 찬송은 신앙고백이며 기도입니다. 하나님께 드리는 것이기에 소리는 내어 부르되 가장 아름다운 소리로 최선을 다하여 부르는 것입니다. 오늘의 신앙인이 하나님을 찬양하듯이 오는 모든 세대의 신앙인들이 부르게 될 것입니다. 영원하신 하나님께 부르는 영원한 노래입니다.

1. 특별히 좋아하는 찬송의 내용과 의미를 생각하며 한번 불러 봅시다.

2. 나의 부르는 찬송이 최고의 신앙 고백이기를 위하여 기도문을 작성해 봅시다.

   (4-5줄로 작성해 보십시오)

3. 나는 무엇으로, 혹은 어떻게 하나님께 최고의 찬송을 드릴 수 있습니까?

준비하기

> 하나 다음 과의 외울 말씀을 암송합시다.
>
> 둘 찬송의 가사를 분명히 생각하며 소리내어 찬송하는 훈련을 합시다.

찬송은 힘이 있습니다

내가 여호와의 인자하심을 영원히 노래하며 주의 성실하심을 내 입으로 대대에 알게 하리이다(시 89:1)

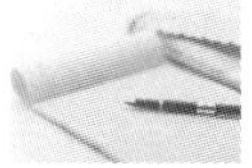

읽을 말씀 시편 84:1-12

이해돕기

구세군의 창설자인 윌리엄 부스 장군의 자서전에는 그의 아들 브람웰이 그의 아버지께서 83세 되던 해에 눈병으로 인하여 소경이 될 것이라는 사실을 알려 줄 때의 마음 아픈 순간을 기록하여 놓았습니다. 아버지 부스는 "내가 앞을 볼 수 없게 된다는 뜻이냐?" "아버지, 그 사실을 생각한다는 자체가 두렵습니다." 조금 침묵이 이어지고 아버지가 다시 말합니다. "다시는 네 얼굴을 볼 수 없겠구나?" "네, 아마 이 세상에서는 그렇게 되겠지요." 또 침묵하다가 아버지는 아들의 손을 잡고 조용히 말합니다. "하나님께서 최선의 길을 아시겠지" 또 잠시 침묵이 흐른 후 그는 말합니다. "아들아, 하나님과 사람들을 위하여 나는 내 눈을 가지고 할 수 있는 일은 다 끝냈다. 이제 하나님과 사람들을 위해 눈 없이 할 수 있는 일을 해야 되겠구나." 우리는 있어서 할 일이 있는 동시에 없어도 할 일이 있음을 기억해야 합니다.

하나님은 찬송 가운데 게시며, 찬송을 통하여 역사하십니다. 세 방향으로 향합니다. 첫째는 찬송 중에 임재하시는 하나님입니다. 하나님께서 찬송을 받으십니다. 찬송은 하나님께 대한 신앙고백이며, 기도입니다. 둘째는 하나님께서 찬송하는 자에게 역사하십니다. 위로하시고, 소망과 믿음의 확신을 주십니다. 셋째로 찬송을 듣는 모든 대상에게 역사하십니다. 찬송은 선언이며, 선포이며, 간증입니다. 그러므로 찬송을 듣는 사람을 변화시키고, 자연까지 다스리십니다. 여기에서는 개론적으로 다루고 다음 과부터 좀 더 자세히 공부해 보도록 하겠습니다.

1 하나님을 향합니다.

하나님은 찬송 중에 계십니다. 신앙인의 찬송을 받으십니다. 찬송을 받으시는 하나님께 어떠한 찬송을 드리십니까?

시편 22:3

1) 영광과 찬양: 찬송 가운데 계신 하나님께 영광을 돌리며, 감사를 드리는 것입니다.

   출애굽기 15:17

   사무엘하 6:5, 21

   역대상 16:9

2) 기도: 찬송은 곡조 있는 기도입니다. 찬송에 부르는 신앙인의 소원과 간구가 담겨져 하나님을 향해 나아갑니다.

   창세기 24:12

   시편 19:14

3) 신앙고백: 모든 상황 속에서 하나님의 역사를 믿음으로 보고 고백하는 것
입니다.

출애굽기 15:2

사무엘하 7:28

사무엘하 22:29, 50

2 찬송하는 자의 영혼을 향합니다.

1) 치유: 위로, 격려, 소망을 줍니다.

시편 7:1

시편 35:13

2) 확신: 찬송은 신앙인의 선포요, 확신입니다.

시편 27:8

시편 31:17

시편 34:15

3 세상을 향합니다.

찬송의 세 번째 방향은 찬송을 듣는 세상을 향합니다. 하나님의 말씀이 선
포되어지는 것처럼 신앙인의 찬송이 퍼져 나아가는 것입니다.

1) 간증: 내가 경험한 하나님을 세상에 전하는 목적이 있습니다.

신명기 31:19

욥기 29:13

시편 33:12

2) 전도: 나의 하나님을 전하는 것이며, 나의 믿음을 전하는 것입니다.

시편 32:6

시편 37:7

3) 선포: 역사 속에 나타나신 하나님을 선언하는 것입니다. 하나님은 어떠한 분이시며, 그의 하시는 일들을 세상에 선포하는 것입니다.

역대상 16:23

시편 68:32

로마서 15:10-11, 19

4) 이적: 찬송하는 가운데 하나님의 역사하심을 깊이 체험할 수 있습니다. 또한 강팍한 사람의 마음 문이 열리기도 하고, 어려운 환경이 바뀌기도 합니다.

역대상 20:22

사도행전 16:25-26

요약클럽

찬송은 세 방향으로 나아가는 힘이 있습니다. 먼저는 하나님을 향하여 나아가는 힘이요, 둘째는 찬송하는 사람 자신을 향하는 힘이요, 셋째는 찬송을 듣는 모든 대상을 향하는 힘입니다. 하나님께서는 찬송과 함께 찬송하는 사람의 환경과 마음을 감찰하십니다. 찬송하는 사람의 마음을 위로하고 격려하며 소망을 주십니다. 찬송할 때 찬송을 통하여 하나님의 역사가 함께 나타납니다. *al*

1. **찬송의 제목은 무엇입니까?**

   1) 하나님을 향하여

   2) 자신에게는

   3) 생활중에는

2. **나의 찬송시를 지어봅시다**

   1) 간구

   2) 확신

   3) 감사

준비하기

하나   다음 과의 외울 말씀을 암송합시다.
둘   나의 하나님은 어떤 분이신가를 묵상해 봅시다.

하나님을 찬송합니다

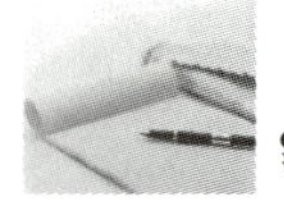

읽을 말씀 시편 100편

이 해 돕 기

미국의 유명한 복음성가 가수인 생키(Sanky)가 여객선을 타고 멜러웨어 강을 건너고 있었습니다. 마침 그날은 크리스마스 이브였습니다. 승객들은 여객선에 생키가 타고 있다는 것을 알고 노래를 한 곡 불러줄 것을 요청했습니다. 생키는 캐럴송인 '목자의 노래'를 불렀습니다. 그때 건장한 체격의 사내가 그에게 다가와 말했습니다. "생키 씨, 나는 당신을 기억하고 있어요. 당신은 북군이었지요? 남북전쟁 때 당신을 죽일 수도 있었어요. 당시 나는 남군의 척후병이었소. 북군의 진지에 접근한 후 한 보초병의 가슴에 총을 겨누었죠. 그런데 보초병이 '목자의 노래'를 부르기 시작했답니다. 그날이 바로 크리스마스 이브였습니다. '아기 예수'를 생각하니 도저히 방아쇠를 당길 수 없더군요. 그런데 그 보초병이 바로 당신이었습니다."

전 시간에 찬송의 세 방향에 대하여 공부하였습니다. 이제부터 찬송이 세 방향에서 어떠한 역할을 하는지에 대하여 공부해 보도록 하겠습니다. 먼저 하나님께 향하는 찬송을 두 시간에 걸쳐 공부하겠습니다. 이번 과에서는 하나님의 존재하심 그 자체에 대한 것으로 하나님의 속성에 대한 찬양을 공부해 보도록 하겠습니다.

1 하나님의 이름을 찬송합니다.

하나님은 어떤 이유에서 뿐만 아니라 하나님이시기 때문에 찬송을 받으시기에 합당하십니다. 신앙인은 하나님께 속한 어떤 것이 아니라 하나님의 존재하심 그 자체에 감동된 사람들입니다. 하나님의 이름을 찬송합니다.

시편 106:47

시편 7:17

시편 9:2

1) 신앙인이 믿음으로 찬송합니다.

　시편 7:17

　시편 113:1

2) 하나님은 모든 피조물에게 찬송을 받으십니다.

　시편 113:3

3) 하나님의 이름에는 영광이 있습니다.

　시편 15:2

　시편 148:13

　시편 66:1-2

2 하나님의 속성을 찬송합니다.

하나님의 하나님 됨을 찬송합니다. 하나님의 속성은 하나님의 역사에 대한 인간의 느낌이며, 고백입니다.

1) 하나님의 선하심을 찬송합니다.

시편 107:8, 15, 21

☞ 하나님의 선하심이란 구원에 속한 역사입니다.

2) 하나님의 인자하심과 성실하심을 찬송합니다.

시편 138:2

시편 92:1

시편 101:1

☞ 인자하심은 햇볕같이 내리시는 사랑이며, 성실하심은 변함없으심을 의미합니다.

3) 하나님의 자비하심을 찬송합니다.

사무엘하 22:26

역대상 16:41

역대하 5:13

역대하 20:21

☞ 자비하심은 죄용서를 포함한 큰 사랑입니다.

4) 하나님의 거룩하심을 찬송합니다. 거룩하심이란, 세상에 어떤 것과도 비교되지 않으심을 의미합니다.

사무엘상 2:2

역대하 20:21

시편 99:3, 6, 9

요한계시록 15:4

3 **하나님의 영광을 찬송합니다.**

영광이란 하나님의 하나님 됨이 밖으로 드러난 것을 의미합니다. 즉 하나님
의 위엄이라고 볼 수 있습니다.

1) 하나님의 위엄을 찬송합니다.

역대상 29:11
이사야 24:14
베드로후서 1:16
유다서 1:24-25

2) 하나님의 영광을 찬송합니다.

시편 8:1
이사야 60:21-22
요한복음 17:24

요약클럽

성경의 창조주 하나님은 스스로 영광과 존귀를 받으시기에 합당하신 분이십
니다. 어떤 일을 행하셨기 때문이 아닙니다. 창조주께서 오직 하나님이시기
때문에 피조된 만물은 하나님을 찬송해야 합니다. 그분은 선하시며 진실하
시며, 사랑이 크신 하나님이십니다. 그를 본 사람은 없습니다. 그러나 피조
물 가운데 주권적으로 역사하시는 그분의 뜻을 통하여 하나님을 봅니다. 이
모든 것이 하나님의 영광을 드러냅니다. 우리는 하나님을 찬송합니다.

1. 창조주 하나님을 찬양하는 내용을 작성해 봅시다.

[예; ~을 찬양합니다. ~하시는 하나님께 영광을 돌립니다.]

1) 찬양합니다.

2) 영광을 돌립니다.

2. 변함없는 크신 사랑(자비)의 하나님을 경험한 구체적인 사례를 들어 기록해 봅시다.

준비하기

하나　다음 과의 외울 말씀을 암송합시다.
둘　　매일 아침과 저녁에 찬양의 시를 기록해 봅시다(4줄 정도로).

하나님의 행하신 일들을 찬송합니다

■ 외울말씀 ■

너는 하나님의 하신 일 찬송하기를 잊지 말지니라 인생이 그 일을 노래하였느니라(욥 36:24)

읽을 말씀 출애굽기 15:1-18

이 해 돕 기

탈무드에 이런 교훈적인 이야기가 있습니다. 어떤 남편이 아내에게 시장에 가서 맛있는 것 좀 사다 달라고 했습니다. 아내는 시장에 가서 소의 혀를 사와서 맛있게 요리를 해서 먹었습니다. 몇 일 후에 남편이 또 말하기를 오늘은 가장 싼 것을, 모든 음식 재료 중에 싼 것을 사다 달라고 했습니다. 그 아내는 또 가서 소 혀를 사왔습니다. 남편이 "어째서 가장 맛있는 것을 사오라고 했는데 혀를 사오고, 가장 싼 것을 사오라고 했는데 또 혀를 사왔느냐"고 물었는데 그 부인은 대답하기를 "가장 맛있는 것이 혀입니다. 친절한 말, 사랑스러운 말, 그 아름다운 말을 하면 말하는 사람이나 듣는 사람도 좋아 이보다 더 맛있는 게 없습니다. 가장 싼 것, 가장 천한 것, 그저 아무 생각 없이 쉽게 할 수 있는 싸구려 말을 하는 것도 혀입니다. 그래서 혀를 사왔습니다." 가장 귀한 것도 말이요 가장 잘못되기 쉬운 것도 말이요. 그래서 말에 허물이 없으면 온전한 사람이라고 했습니다. 말로 사람을 죽이기도 하고 살리기도 하고 불행해지기도 하고 그리고 망하기도 합니다. 인간의 혀로 가장 아름다운 의미를 지닌 말의 모음 역시 찬송이라고 생각합니다. 찬송을 부르면 놀라운 일이 생깁니다. 찬송을 많이 부릅시다. 좋은 찬송을 최선을 다해 아름답게 불러 봅시다.

하나님을 찬송하는 두 번째 제목은 그의 행하신 일들을 보기 때문입니다. 신앙인은 영적인 눈이 뜨인 자입니다. 그러므로 믿음의 눈으로 세상을 봅니다. 또한 믿음으로 분석할 분별력을 가지고 있습니다. 이에 객관적으로는 자연과 역사 속에 행하시는 하나님의 능력을 찬양합니다. 주관적으로는 개인이 경험한 하나님의 은혜를 찬양합니다.

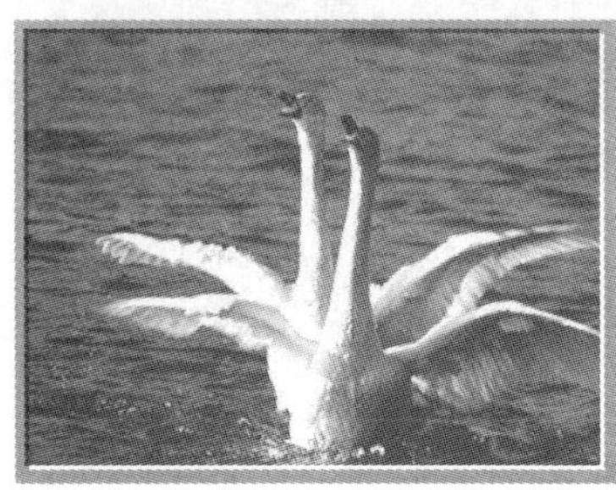

1 구원의 하나님을 찬송합니다.

성경의 하나님은 구체적으로 역사하시는 분이십니다. 한 민족과 개인을 구원하시는 하나님이십니다.

사무엘하 22:3, 47

스바냐 3:17

욥기 36:24

2 보호하시는 하나님을 찬양합니다.

구원하시는 하나님은 살펴 보호하시는 분이십니다. 어려운 환경 중에서 보호하십니다. 역경 중에 신앙인의 영혼을 보호하십니다. 창조주 하나님께서는 모든 만물을 보살피십니다.

여호수아 24:17

욥기 29:2

시편 36:6

베드로 전서 1:5

3 위로하시는 하나님을 찬송합니다.

하나님을 떠난 역사 가운데서도 하나님은 상처입은 영혼을 위로하시고 치유하십니다. 상한 마음에 가까이 하시고, 소망을 주시며, 용기도 주십니다. 위로하시는 하나님은 멀리 계신 분이 아니라 가까이 계신 분이십니다.

시편 86:17

욥기 15:11

고린도후서 1:3

4 기도에 응답하시는 하나님을 찬송합니다.

마음에 소원을 주시는 하나님께서 그 입술의 구함에 응답하십니다(시 21:2). 하나님께서는 사람들의 마음을 감동시키십니다. 하나님의 뜻을 따라 기쁨으로 일할 수 있도록 소망을 주십니다. 믿음의 사람은 소망을 따라 기도하며 살아갑니다.

욥기 33:26

시편 34:15; 66:20

다니엘 9:4

5 인도하시는 하나님을 찬송합니다.

출애굽한 이스라엘 백성을 인도하신 것처럼 하나님을 믿고 바라는 자들을 인도하십니다.

창세기 24:27

이사야 48:17

요한복음 10:16

6 그 외에도 하나님을 찬송할 이유가 많습니다.

우리가 찬송하듯이 '하늘을 두루마리 삼고 바다를 먹물삼는다' 할지라도 다 기록할 수 없습니다.

열왕기 상 8:56

시편 48:8

시편 40:5

요약클럽

하나님을 찬송하는 제목은 하나님의 존재하심 자체와 하나님께서 행하신 모든 일들입니다. 가장 감사한 찬송의 제목은 하나님을 떠난 인간의 역사에 오셔서 구원하신 예수의 복음입니다. 뿐만 아니라 연약한 인간을 도우시며, 보호하시고, 슬픔 가운데 위로하시며, 우리의 기도에 응답하시며, 신앙인의 마음에 소원을 주셔서 그 소원을 따라 행하도록 인도하십니다. 그 외에도 하나님을 찬송할 이유는 많습니다. αΩ

1. 찬송가 404장을 불러봅시다.

그리고 내가 하나님을 찬송할 제목들은 무엇인지를 열거해 봅시다.

2. 지나온 시간 속에서 가장 크게 하나님의 은혜를 경험한 사건은 무엇입니까?

3. 새벽 이슬같이 잔잔하게 베푸시는 하나님의 은혜는 무엇입니까?

준비하기

하나   다음 과의 외울 말씀을 암송합시다.
둘   찬송하는 중에 받은 은혜를 생각해 봅시다.

예수 그리스도와 그의 복음을 찬송합니다

■ 외울말씀 ■

내 양은 내 음성을 들으며 나는 저희를 알며 저희는 나를 따르느니라(요 10:27)

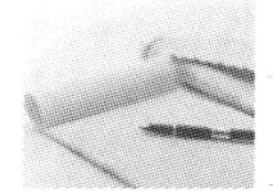 읽을 말씀   요한복음 10:7-16

이 해 돕 기

영국 에딘버러 의과대학에 제임스 심슨은 마취제 클로로포름을 발견한 사람입니다. 그 당시까지만 해도 사람들이 마취하지 않고 수술을 받았습니다. 그런데 그가 마취제를 발견함으로 사람들은 수술의 고통을 덜게 되었습니다. 의학계에 대단한 공로입니다. 이로 인하여 그는 귀족이 되었습니다. 그가 죽기 얼마 전에 제자들이 찾아 와서 이렇게 물었답니다. "선생님, 일생을 통해서 가장 위대한 발견이라고 말할 수 있는 것은 무엇이라고 생각하십니까" 제자들은 당연히 그가 '마취제 클로로포름을 발견한 것이 내 생애 최대의 발견이다.' 라고 말할 줄 알았습니다. 그러나 그는 너무나 뜻밖의 대답을 했답니다. "내 생애에 있어서 최고의 발견은 예수 그리스도께서 불쌍한 죄인인 나를 위해 죽으시고 나를 구원해 주셨다는 사실을 발견한 것입니다." 또 영국에 존 뉴톤은 세계 모든 사람이 좋아하는 Amazing Grace를 작사한 목사님이십니다. '나 같은 죄인 살리신 주 은혜 놀라와 ……' 이 찬송은 예수 믿지 않는 사람들에게도 잘 알려진 것입니다. 그는 이렇게 고백했답니다. "내가 천국에 가면 세 가지 사실 때문에 놀라게 될 것입니다. 먼저 천국에 꼭 볼 것으로 기대했던 사람이 천국에 없는 것, 그리고 내가 천국에서 볼 것으로 생각지도 않았던 사람들이 거기에 와 있는 것, 마지막으로 내가 거기에 있는 것을 보고 놀랄 것입니다."

기독교인은 예수 그리스도와 그의 복음에 구원받아 감동된 사람들입니다. 그래서 평생 그 은혜와 사랑 속에 신앙고백적으로 살아갑니다. 하나님께서 인간들에게 여러 방편으로 말씀하십니다. 창조하신 창조물들을 통하여 말씀하십니다. 신앙인은 자연을 보며 하나님의 말씀을 봅니다. 또한 역사를 통하여 교훈적으로 말씀하십니다. 하나님의 사람들을 통하여서 말씀하십니다. 종말로 친히 예수 그리스도로 말씀하십니다. 예수 그리스도의 삶과 그의 복음이 하나님의 말씀입니다. 예수 그리스도와 그의 복음은 가고 오는 모든 시대의 결정체요, 핵심입니다. 그리스도인은 예수 그리스도를 찬송합니다. 예수 그리스도의 복음에 하나님의 마음과 모습과 뜻이 있습니다.

살펴보기

1 임마누엘되신 예수 그리스도를 찬송합니다.

임마누엘이란 하나님이 우리와 함께 계시다는 뜻입니다. 구체적인 역사적 사건으로 영이신 하나님께서 인간의 몸을 입으시고 인간의 역사속에 오셨습니다. 친히 보여 주셨고 들려 주셨습니다.

마태복음 1:23

요한일서 1:1-2

2 하나님 나라의 복음을 주신 예수님을 찬송합니다.

주님은 제자들에게 "뜻이 하늘에서 이룬 것 같이 땅에서도 이루어지이다"라고 기도하도록 가르쳐 주셨습니다. 하나님께서 창조하신 세상에 하나님의 뜻과 질서가 실현되는 하나님 나라의 복음을 친히 육성으로 주셨습니다. 하나님을 떠난 인간들의 역사는 군사력과 경제력으로 대립하고 다투고 누르고 군림하는 악순환이 계속되고 있습니다. 그러나 예수 그리스도의 복음은 사랑과 용서와 섬김으로 이루는 하나님 나라의 복음입니다.

마태복음 11:4-6

누가복음 4:43

누가복음 8:1

3 구원의 주되신 예수 그리스도를 찬송합니다.

잘못된 인간의 역사는 정치적인 명분으로 죽고 죽이는 전쟁이 끝나지 않고 있습니다. 너와 나, 아군과 적군을 만들고 상대적인 가치관으로 상대를 죽이는 것이고 이를 정당화합니다. 테러는 악한 것입니다. 동시에 계획된 테러인 전쟁도 어떠한 명분에서든 나쁜 것입니다. 사랑만이 사람을 변화시키며, 용서만이 새로운 역사를 만들어 냅니다. 예수 그리스도는 하나님을 떠난 인간을 구원하시고자 세상에 오셨습니다. 상처입은 인간을 위로하고 치유하는 예수 그리스도의 복음만이 악순환 되는 역사 가운데서 인류를 구원하게 될 것입니다. 이것이 인류가 영원히 살 길이며, 자연이 더불어 사는 길입니다.

마태복음 1:21

누가복음 13:10

요한복음 10:9; 12:47

기독교의 중심은 예수 그리스도이십니다. 그리스도인은 예수 그리스도와 그의 복음을 믿음으로 구원을 받고, 그의 복음을 따라 살아 구원의 길을 가는 사람들입니다. 예수 그리스도는 시작이요, 끝입니다. 예수 그리스도의 하나님 나라의 복음을 가정과 사회에서 실천하여 하나님 나라를 이루어 나아가는 것입니다. 예수 그리스도의 복음에는 심판이나 대립이 없습니다. 오직 사랑과 용서와 화해와 섬김만이 있을 뿐입니다.

1. 예수 그리스도의 십자가 아래에서 보는 세상(사람들)과 십자가 위에서 보는 세상의 차이점이 무엇일까요?

2. 사랑과 용서를 해 본 경험을 기록해 봅시다.

3. 십자가에 달리신 예수 그리스도의 마음으로 세상을 보며 특별한 대상(자연이나 사람)을 기억하고 사랑의 시를 지어 봅시다.

준비하기

하나　다음 과의 외울 말씀을 암송합시다.
둘　　하루의 첫 시간을 찬송으로 시작합시다.

찬송하는 자에게 역사됩니다

■ 외울말씀 ■
여호와께서 환난 날에 나를 그 초막 속에 비밀히 지키시고
그 장막 은밀한 곳에 나를 숨기시며 바위 위에 높이 두시리로다(시 27:5)

읽을 말씀　시편 30 편

이해돕기

　　레나 마리아는 스웨덴 출신의 수영선수이며 복음성가를 부르는 가수입니다. 그녀는 수영을 세 살부터 시작하여 스웨덴 국내대회에 여러 번 수상하였으며, 서울 장애인올림픽에서 자신의 수영솜씨를 유감없이 발휘하기도 했습니다. 그녀는 태어날 때부터 두 팔이 없었고 다리도 한 쪽이 다른 한 쪽에 비해 절반 길이밖에 되지 않았습니다. 그녀의 부모는 절망하지 않고 사랑으로 키웠습니다. 그녀가 물에 친숙하다는 것을 알고 어려서부터 수영을 가르쳤는데, 수영은 천성적으로 약한 그녀의 심장을 튼튼하게 해주었고, 그래서 아름다운 목소리로 긴 호흡의 노래도 잘할 수 있게 되었습니다. 그녀는 마스터스 보이스라는 가스펠 합창단에서 활동을 하기 시작했고, 스웨덴 국왕의 도움으로 국제성서학교에 입학했으며, 대중 앞에서 가스펠을 부르기 시작하면서 세계를 돌며 노래로 복음을 전했습니다. 이런 그녀를 옆에서 같이 활동하며 지켜보던 한 남자가 청혼을 하게 되고 그녀는 지금도 결혼반지를 실에 꿰어 목에 걸고 다니며 아름다운 생활을 하고 있습니다. 그녀에게 찬송은 그녀로 하여금 살아가는 힘과 능력입니다. 찬송에는 하나님의 능력이 있기 때문입니다.

　　찬송은 위로 하나님을 향하는 동시에 찬송하는 자의 내면을 향합니다. 찬송은 외로울 때는 하나님께서 함께 하심을 경험하게 하며, 괴로울 때에 위로가 되고, 상처 입었을 때에 치유하는 능력이 있습니다. 또한 찬송하는 자의 삶과 환경을 변화시킵니다. 하나님께서는 찬송하는 자의 나약한 마음에 용기를 주시며, 부정적인 생각을 바꾸어 긍정적인 사람이 되게 하시고, 침체된 사람을 명랑한 사람으로 바꾸십니다. 그리고 인생의 의미와 목표를 알게 하셔서 하나님의 뜻을 이루게 하십니다.

1 **모든 상황에서 찬송합니다.**

믿음의 사람은 하나님을 향하여 노래하는 사람입니다. 하나님께서는 찬송하도록 부르셨습니다. 기쁠 때에 감사함으로 찬송하고, 슬플 때 탄식하며 부릅니다. 믿음의 사람에게 있어서 하나님을 향한 노래는 찬송이요, 신앙고백이요, 기도입니다.

욥기 35:10

이사야 54:1

이사야 43:21

시편 71:14

2 **하나님께서 찬송할 이유를 주십니다.**

찬송의 이유는 하나님께 있습니다. 하나님께서 믿음의 사람을 감화시키고, 감동시키십니다. 하나님의 은혜를 경험한 사람은 하나님을 찬송합니다.

시편 32:7; 40:3

창세기 29:35

이사야 25:1

3 신앙고백입니다.

찬송은 하나님 경험으로부터 시작이 됩니다. 기독교는 체험의 종교라고 합니다. 살아계신 하나님을 경험한 이들이 이전의 경험을 곡조에 맞추어 부릅니다. 그러므로 찬송은 부르는 사람의 신앙고백입니다.

시편 28:7

시편 61:4

시편 62:6

4 신앙인의 본분입니다.

하나님을 경외하는 사람은 하나님을 찬양할 수밖에 없는 감동을 얻게 됩니다. 모든 시대에 신앙인은 하나님을 찬양합니다.

시편 33:1

시편 22:23

시편 22:26

5 찬송을 통하여 역사하십니다.

하나님께서는 찬송을 받으시고, 찬송하는 자의 상황을 살피십니다. 매인 자들을 풀어 주시며, 억눌린 자에게 해방을 주시고, 갇힌 자에게 자유를 주십니다. 또한 치유의 능력도 나타납니다.

역대하 20:22

사무엘상 16:23

6 찬송은 기도입니다.

찬송은 찬송을 부르는 자의 기도입니다. 찬송에 소원과 간구가 있습니다. 나의 찬송을 들으시는 하나님께 기쁘고, 답답한 마음을 곡조에 맞추어 소리 내는 것입니다. 그러므로 하나님께서 찬송하는 자에게 응답하십니다. 위로 하시고, 소망을 주시고, 치유하십니다.

시편 61:1-3

시편 64:-2

요약클럽

하나님께서는 찬송을 통하여 믿음의 사람을 향해 역사하십니다. 즉, 찬송하는 자의 마음에 역사하시고, 찬송하는 자의 환경 속에 역사하십니다. 하나님께서 찬송을 통하여 깨닫게 하시고 결단하게 하시며, 헌신하게도 하십니다. 동시에 바울과 실라가 감옥에서 찬송을 부르는 중에 옥문이 열린 것과 같은 기적도 경험하게 됩니다. 또한 순교할 수 있는 용기도 주십니다.

1. 내가 마지막까지 할 수 있는 일이 무엇이라고 생각하십니까?

2. 복음성가 '살아계신 주'를 불러 봅시다.

3. 살아계신 주께 나는 어떠한 찬송과 기도를 드리겠습니까?

하나　다음 과의 외울 말씀을 암송합시다.
둘　　여러 상황 속에서 찬송의 능력을 경험해 봅시다.

7과 찬송은 세상을 향하는 힘이 있습니다

너희는 여호와의 선하심을 맛보아 알지어다 그에게 피하는 자는 복이 있도다(시 34:8)

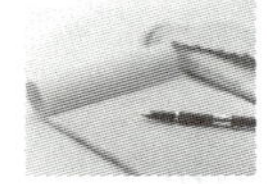

읽을 말씀 시편 66 편

이해돕기

라이언 화이트라고 하는 소년이 있었습니다. 그는 열 세 살 때 혈우병을 앓아서 수술을 받게 되는데 수혈이 잘못되어서 이 소년이 후천성 면역 결핍증이라고 하는 AIDS에 걸렸습니다. 그는 병원의 실수로 그대로 죽음을 기다려야만 했습니다. 그러나 이 아이는 자신이 죽는다는 것을 알고 있으면서도 아무도 원망하지 않았습니다. 심지어 의사도 원망하지 않았습니다. 항상 밝은 웃음을 보였고, 모두에게 친절했습니다. 오히려 염려하는 부모를 위로하며 날마다 기쁘고 행복하게 지냈습니다. 이러한 사실이 방송 매체를 통하여 미국 전역에 알려지자 많은 사람의 마음을 감동시켰습니다. 그리고 많은 사람들이 이 어린이를 위해서 기도하게 되었습니다. 유명인사들이 앞을 다투어서 방문했습니다. 당시에 대통령이었던 레이건, 그리고 팝 가수인 마이클 잭슨도 이 어린 소년을 방문해서 위로했습니다. 결국 5년을 더 살다가 18세에 이 소년은 죽었습니다. 그가 마지막으로 아버지와 나눈 대화가 기독교 잡지에 실려서 더욱더 많은 사람의 마음을 감동시켰습니다. 아버지는 죽어 가는 아들에게 말했습니다. "아들아, 미안하다. 나는 아무 것도 네게 해줄 것이 없구나. 이 아빠가 더 이상 어떤 선물도 줄 수 없음을 용서해 다오." 아들은 대답했습니다. "아닙니다. 전 지금 많은 선물을 받았습니다. 그러나 아무도 아빠가 제게 준 선물 같은 선물을 준 사람은 없습니다. 아빠는 내게 천국 열쇠를 주었습니다. 예수님을 소개해 주었고, 교회에 나아가 예수를 믿게 해 주었고, 말씀을 통하여 영생을 얻도록 해주었습니다. 이보다 위대한 선물은 없으니까 말입니다."

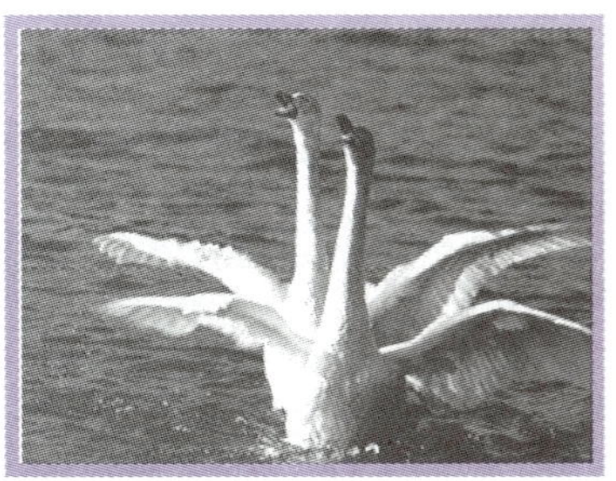

우리는 지난 시간 찬송은 하나님과 동시에 찬송하는 자의 내면으로 향하는 것을 공부했습니다. 이제 찬송의 세 번째 방향은 찬송은 세상을 향하는 것입니다. 찬송은 세상이 듣습니다. 첫째는 찬송을 듣는 사람이 변화됩니다. 그리고 아무 것도 듣지 못하는 자연들이 변화를 합니다. 신앙인의 사명 중에 하나가 찬송이 온 세상에 충만하도록 끊이지 않고 찬송하는 것입니다. 그래서 온 세상 사람들이 하나님을 찬양하는 그날이 오기를 사모합니다.

1 하나님께서는 만민이 찬송하기를 원하십니다.

세상 모든 사람들이 하나님의 존재하심과 역사하심을 듣고 깨달아 하나님을 찬송하기를 원하십니다. 먼저 믿는 사람들은 신앙의 경험을 찬양을 통해 선포합니다.

시편 67:3,5

이사야 60:6

이사야 62:7

2 **하나님의 행하신 역사를 듣게 합니다.**

찬송을 통하여 세상 사람들이 하나님의 행하신 역사를 듣게 됩니다. 그리고 감동되어 그들도 하나님을 찬양하는 믿음의 사람으로 변화됩니다.

시편 96:3

시편 105:1

이사야 12:5

3 **하나님이 어떤 분이 신가를 선포합니다.**

찬송은 신앙인의 하나님 경험입니다. 하나님께서 그렇게 행하신 이유는 바로 하나님은 이런 분이시기 때문이라는 것입니다. 그러므로 모든 찬송의 내용은 하나님의 하나님 됨에 근거하고 있습니다. 찬송을 듣는 중에 하나님이 어떤 분이신가를 듣게 됩니다.

시편 35:28

시편 46:1

시편 47:2

요약클럽

찬송은 신앙인이 하나님과 그 하신 일을 기뻐하며 감사함으로 부르는 노래입니다. 찬송의 첫째는 하나님께 드리는 것입니다. 그러나 그 찬송은 부르는 사람이나 듣는 이들까지 감동을 받습니다. 선교적인 면에서 찬송은 큰 효과를 나타냅니다. 하나님께서는 신앙인의 찬송을 통하여 하나님을 알지 못하는 이들까지 감동시키십니다. 그러므로 찬송의 내용은 선교적인 내용이 됩니다. 하나님이 어떤 분이시며, 어떤 일들을 어떻게 하셨는지를 선포하는 것입니다. 신앙인은 언제나 어디서나 찬송을 생활화해야 합니다. *αΩ*

1. 다른 사람이 부르는 찬송에 감동된 경험을 기록해 봅시다.

2. 특별한 상황에서, 혹은 그러한 상황에 있는 이들과 찬송한 경험이 있습니까?

   그 때의 느낌을 기록해 봅시다.

   [예: 환자, 교도소, 고아원, 양로원 등]

준비하기

하나　다음 과의 외울 말씀을 암송합시다.

둘　　특별히 어려운 상황 속에서 경험한 하나님은 어떤 분이셨습니까?
　　　미리 생각해 봅시다.

요한계시록에 나타난 찬송을 공부합시다

주여 누가 주의 이름을 두려워하지 아니하며 영화롭게 하지 아니하오리이까
오직 주만 거룩하시니이다 주의 의로우신 일이 나타났으매 만국이 와서 주께 경배하리이다 하더라(계 15:4)

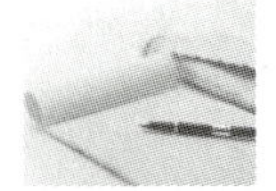

읽을 말씀   요한계시록 11:15-18

이 해 돕 기

데이빗 리빙스턴은 아프리카 오지에서 많이 고생한 선교사로 유명합니다. 그는 16년 동안 선교활동을 하고 잠시 고향을 방문하게 됩니다. 스물 일곱 번이나 열병에 걸려 죽을 뻔했던 일 등 여러 이유로 허약해진 몸을 보면서 모두가 울었답니다. 뿐만 아니라 사자에게 물려서 오른쪽 팔 하나는 거의 못쓰는 형편이었습니다. 글래스코우 대학에 가서 젊은이들에게 강연을 했을 때에 대학생들이 물어보았습니다. "선교사님, 그 어려운 고통을 어떻게 이길 수 있었습니까? 그 아프리카 오지에서, 외롭고 무서운 곳에서 어떻게 그 많은 시련을 이길 수가 있었습니까?" 그는 담담하게 대답하기를 "'볼지어다 내가 세상 끝날까지 너희와 항상 함께 있으리라' 는 그 말씀을 믿고 힘과 용기를 얻어서 오늘이 있다"고 말했습니다.

요한계시록이 기록될 당시 상황으로는 노래할 기분이 아닙니다. 그런데 계시록은 찬양을 중심으로 선포되는 대찬송의 시와 같습니다. 그리스도인이 핍박과 고난중에 부르는 찬송의 제목이 무엇일까요? 계시록은 구원의 길을 여신 예수 그리스도와 창조주 하나님 그리고 그의 행하시고 행하실 일들을 믿음으로 보며 찬송하고 있습니다.

1 예수 그리스도를 찬송합니다.

고난 중에 있는 초기 교회가 그 모든 시련을 이기는 길은 오직 예수 그리스도께 대한 믿음이었습니다. 기독교인은 예수 그리스도의 구원을 영원히 찬양하는 무리들입니다. 예수 그리스도는 모든 순간 모든 사건 속에서 능히 극복할 수 있는 절대적인 힘과 능력입니다. 그리스도인은 예수 그리스도께 속한 사람들입니다.

요한계시록 5:12, 13

누가복음 19:38

로마서 12:19

2 하나님을 찬송합니다.

요한계시록에는 하나님과 예수 그리스도를 찬송의 대상으로 기록하고 있습니다. 하나님과 예수 그리스도를 동시에 찬송하기도 합니다. 천사들이 찬송하고, 교회의 대표되는 장로들이 경배하며 찬송하고, 각 나라 족속과 백성들이 모든 나라의 언어로 찬송합니다.

요한계시록 7:9-12

요한계시록 15:3-4

요한계시록 19:6

3 행하신 일들로 찬송합니다.

요한계시록은 핍박당하는 그리스도인들에게 창조주 하나님의 능력과 역사의 주관자로서 심판과 구원을 이루시는 하나님을 찬양합니다. 그래서 감사를 드리고, 영광을 하나님께 돌립니다.

요한계시록 4:11

요한계시록 15:3

4 경배와 찬송과 예배입니다.

이 세 용어는 하나입니다. 즉, '경배를 드린다'는 말은 '하나님을 찬송하며 예배드린다'는 말입니다. 또한 하나님을 찬송한다는 말은 하나님을 높여 경배하며 예배드린다는 말입니다. 그리고 예배드린다는 말은 하나님을 경배하며 하나님만을 찬송하는 것을 의미합니다. 요한계시록에는 이러한 말씀들이 많이 있습니다.

요한계시록 4:10-11

요한계시록 5:9, 14

요한계시록 19:4

요한계시록은 핍박당하는 역사 속에 기록된 계시인 말씀이면서도 경배와 찬송이 많은 점을 기억해야 합니다. 그리스도인들은 예수 그리스도의 구원과 하나님의 행하시는 일들을 믿으며 어려운 상황 가운데서도 오히려 감사하며 하나님을 찬송하였습니다. 외롭고 쓸쓸할 때나 여럿이 함께 있을 때, 편안할 때 뿐만 아니라 힘들고 고단할 때 찬송하세요. 놀라운 하나님의 은혜를 경험하게 될 것입니다. αΩ

1. 어려운 상황 속에 만난 하나님은 어떤 분이십니다(7과 '준비하기'의 2번 내용).

2. 어려운 상황을 통하여 얻은 교훈으로 인간이란 어떤 존재라고 생각하십니까?

3. 그 상황 속에 죄와 구원은 무엇입니까?

   (구체적인 상황을 들어 생각해 봅시다.)

준비하기

하나   다음 과의 외울 말씀을 암송합시다.
둘   하나님께서 자신을 기쁘게 해 주신 경험들을 생각해 봅시다.

시편에 나타난 찬송을 공부합시다

■ 외울말씀 ■

나는 항상 소망을 품고 주를 더욱 더욱 찬송하리이다
내가 측량할 수 없는 주의 의와 구원을 내 입으로 종일 전하리이다(시 71:14-15)

읽을 말씀　시편 92편

이해돕기

성 프란시스가 자기 고향에 있을 때, 하루는 자기 집 하인이 우물에서 물을 길어오는 모습을 지켜보고 있었습니다. 그런데 그 하인은 물을 길을 때마다 한 가지 이상한 행동을 했습니다. 큰 물통을 내려 물을 가득히 담은 후 끌어올릴 때 항상 조그마한 나무토막 하나를 그 물통 안에 던져 넣는 것이었습니다. 이를 이상하게 여긴 프란시스는 하인에게 그 이유를 물어보았습니다. 하인은 이렇게 대답했습니다. "물을 퍼 올릴 때 나무토막을 물통 안에 넣으면 물이 요동치지 않게 되어 물이 밖으로 흘러 넘치는 것을 막을 수 있어요. 나무토막을 안 넣으면 물이 제 마음대로 출렁거려서 나중에 반 통밖에 안 될 때가 많거든요." 하인의 설명을 들은 프란시스는 크게 깨달은 바가 있어서 자기 친구에게 이런 내용의 편지를 썼다고 합니다. "우리는 얼마나 자주 흔들리는 마음의 물통을 가지고 있는가. 두려움으로 흔들리는 마음, 고통으로 심하게 요동하는 마음, 절망으로 부서지는 마음, 이것은 마치 심하게 흔들리고 출렁거리는 물통과 같은 것이지. 그러나 거기에 십자가라는 막대기를 던져보게." 세상과 함께 출렁이는 우리의 마음에 무게 중심이 주님께 있다면 어떤 환경에서도 흔들리지 않을 것입니다. 믿음의 사람은 환경에 예속되지 않는 사람입니다.

시편은 150편의 찬송입니다. 구약시대 뿐만 아니라 신약의 그리스도인들은 일정한 리듬에 맞추어 시편을 중심하여 성경말씀으로 찬송을 드렸습니다. 중세까지도 성경말씀으로 찬송하였습니다. 찬송의 가장 기본 내용은 성경말씀입니다. 이제 시편은 어떻게 하나님께 찬송을 드렸는지 살펴보도록 하겠습니다.

1 일정한 가락에 맞추어 불렀습니다.

시편은 당시 사람들이 잘 아는 리듬에 맞추어 부르도록 하였습니다. 예를 들어 '우리의 '세마치장단' 에 맞추어 시편 91편을 찬송하겠습니다' 는 것과 같은 것입니다. 그래서 누구나 부를 수 있었습니다. 시편의 표제에 '……에 맞추어 부른 노래' 라고 되어 있습니다. 다음 성경의 표제를 찾아봅시다.

시편 8편, 53편

2 모든 상황 속에서 부른 신앙의 노래입니다.

믿음의 사람이 지난 역사들을 돌아보며 부른 신앙고백입니다. 그 때 그 상황 속에 이러한 기도를 드렸으며 하나님께서는 이렇게 응답하셨음을 고백하는 노래입니다. 아래 몇 가지 예를 들었으나 그 외에도 많은 상황과 기도를 주제로 부른 노래들이 있습니다.

1) 성전 안에서와 성전에 오르면서 부른 노래

　　시편 15:1-3
　　시편 131편
　　시편 30:1-4

2) 광야에서 부른 노래

시편 61편

3) 사람들에게 조롱당할 때 부르는 노래

시편 13:1-3
시편 3:2
시편 28:1-2

3) 원수에게 쫓길 때 부른 노래

시편 7:1-2
시편 18:1-4
시편 141:1

4) 병중에 부른 노래

시편 6편

5) 범죄한 후에 부른 노래

시편 51편

5) 창조물을 바라보며 부른 노래

시편 8편
시편 19:1-6

3 찬송은 언제나 부르는 것입니다.

시편은 다양한 환경과 상황을 주제로 하고 있습니다. 신앙인은 모든 상황 속에 하나님을 찬송하는 자임을 가르치고 있습니다. 찬송으로 기도하고, 찬

송으로 신앙을 고백하며, 찬송으로 하나님의 말씀을 선포하는 것입니다. 찬
송은 신앙인의 본분입니다.

시편 33:1

시편 146:1-2

시편 148 편

4 악기를 연주하며 찬송합니다.

찬송은 하나님께서 창조하신 모든 피조물들의 본분입니다. 사람들 뿐만 아
니라 해와 달과 별들, 나무, 계절들도 하나님을 찬양합니다. 그러므로 인간
의 목소리 뿐 아니라 모든 악기를 연주하며 찬송 할 수 있습니다.

요약클럽

찬송은 하나님을 높이며 경배하는 것입니다. 신앙생활의 경험은 다양하지만
하나님에 대한 공통적인 고백이 있습니다. 신앙인의 친교는 그 공통된 고백
을 나누는 것입니다. 그러므로 찬송은 개인이나 회중이 함께 부르는 것입니
다. 다양하게 역사하시는 하나님이시기에 신앙인은 언제 어디서나 그리고
어떠한 상황이든지 하나님을 찬양합니다. 찬양은 신앙인의 마땅히 할 일입
니다. &

1. 시편 100편을 자신의 고백으로 바꾸어 기록해 봅시다.

[보기] 1절, 'ㅇㅇ아 (자기 이름), 너는 세상에 어떤 것보다도 하나님을 찾으며 하나님을 찬송하라'

2. 인생에 기쁜 날을 추억하며 그 당시 마음에 소원은 무엇이었습니까?

하나　다음 과의 외울 말씀을 암송합시다.
둘　　예수 믿고 은혜받은 첫 찬송을 기억하고 불러봅시다.

출애굽기에 나타난 찬송을 공부합시다

■ 외울말씀 ■

낮에는 여호와께서 그 인자함을 베푸시고 밤에는
그 찬송이 내게 있어 생명의 하나님께 기도하리로다(시 42:8)

읽을 말씀   출애굽기 15:1-18

이 해 돕 기

　윌리스 케리어라고 하는 사람은 많은 고난을 겪으면서 성공한 사람입니다. 그는 자신이 성공한 과정을 요약해서 하나의 성공한 자의 리듬을 만들었습니다. 바로 캐리어의 법칙입니다. 그는 고난을 이기는 법칙으로 먼저 목적을 생각하라고 합니다. 나는 왜 이 일을, 혹은 이 상황을 겪고 있어야 하는지, 지금 무엇을 생각하고 있으며, 무엇을 염려하고 있는가를 생각하는 것입니다. 둘째로 피할 수 없는 것이라면 수용하라는 것입니다. 즉 이것은 '하나님의 뜻' 이라 생각하고 현실을 그대로 받아들이는 것입니다. 셋째로 깊이 생각하고 침착하게 현실에서 열린 문을 찾는 것입니다. 반드시 길이 있습니다. 하나님께서는 앞문을 닫으실 때 다른 문을 열어 주십니다. 개인이나 국가의 역사에는 우연이 없습니다. 좀더 넓고 깊이 생각하면 하나님의 섭리적인 역사를 발견하게 됩니다.

　이스라엘 백성이 애굽에서 나오기 직전의 상황은 그들에게 있어서 암흑시대였습니다. 그러나 하나님께서는 한 인물을 준비하셨습니다. 뿐만 아니라 백성들의 마음, 바로와 애굽의 상황도 새로운 시대를 위한 상황이었습니다. 하나님께서는 그 시대 사람들과 상황을 통하여 새로운 역사를 만들어 가셨습니다. 애굽에서 큰 이적 가운데 구원받은 사건은 신앙생활의 시작과 같습니다. 신앙인은 누구나 구원의 기쁨을 가지고 있습니다. 이런 면에서 출애굽기를 통하여 신앙생활의 과정을 살펴 볼 수 있습니다. 출애굽기의 찬송은 구원하시고 인도하시는 하나님의 역사를 주제로 하고 있습니다.

1 찬송, 그 이전에 경험이 있습니다.

찬송할 이유가 있습니다. 신앙인의 모든 신앙생활에는 앞서 행하시는 하나님의 역사하심이 있습니다. 예배드리는 자리까지 인도하시는 하나님, 기도하도록 이끄시는 하나님, 찬송할 이유를 주시는 하나님, 감사의 조건을 주시는 하나님……. 신앙인이 먼저 하나님을 부르는 것이 아니라 하나님께서 먼저 은혜로 역사하셨음을 기억해야 합니다. 오늘 찬송을 부르는 이스라엘 백성들은 하나님의 구원의 손길을 경험한 것입니다.

출애굽기 14:19-15:1

2 하나님의 능력을 인정하는 찬송입니다.

찬송은 하나님의 능력을 찬송을 하는 노래입니다. 하나님의 역사 앞에 인간의 모든 능력은 아주 미약한 것입니다. 하나님의 은혜를 체험하면 자신은 아주 작아 지고 하나님만 크게 드러나는 것입니다. 내가 무엇을 해서가 아니라 오직 하나님의 역사하심을 인정하게 됩니다. 비록 하나님의 역사하심에 어떤 역할을 하였을지라도 그것마저도 하나님의 도우심임을 고백하게 됩니다. 그래서 성경은 '하나님께서 ……하셨다' 고 증거하고 있습니다.

출애굽기 15:1, 4-5, 8-10

3 나의 하나님을 찬송합니다.

신앙인은 저마다 하나님의 역사를 경험합니다. 하나님은 한 분이시지만 신앙인의 경험은 다양합니다. 찬송은 주관적인 신앙 경험을 가지고 개개인이 신앙 고백적으로 부르는 것입니다. 나의 신앙, 나의 고백, 나의 찬송을 나의 하나님께 드리는 것입니다.

출애굽기 15:2

4 구원의 리듬을 찬양하였습니다.

하나님께서 구원하시고 인도하시는 것을 보며 찬송합니다. 지금은 광야에 있으나 장차 얻어질 그 땅을 바라보며 찬송합니다. 또한 지금은 마른 땅에 있으나 장차 주의 전에 이르러 하나님께 예배하는 것을 믿음으로 바라보며 찬송합니다.

출애굽기 15:13

요약클럽

신앙인에게 찬송은 자연스러움이요, 자발적인 응답입니다. 왜냐하면 찬송 이전에 하나님의 역사를 경험했기 때문입니다. 구원받은 백성들이 찬송하는 이유는 이미 애굽에서 여러 가지 능력을 나타내셨기 때문입니다. 신앙인은 그 모든 능력의 하나님을 경험하고 하나님을 찬송합니다. 백성들은 공동체 이지만 구성원은 저마다 개개인의 역사적 경험인 것입니다. 그러므로 우리 하나님은 곧 나의 하나님으로 고백되어 집니다. 그 하나님께서 지금 나를 어떻게 어디로 인도하시는가를 믿음의 눈으로 보며 찬송합니다. *αΩ*

1. 이스라엘 백성들의 애굽에서의 생활과 하나님을 알지 못하는 자리에서의 생활을 비교하며 그 공통점을 기록해 봅시다.

2. 이스라엘 백성들이 애굽에서와 광야에서의 차이점을 기록해 봅시다.

3. 지금 나의 신앙을 시 또는 기도문으로 작성해 봅시다(8줄 정도).

준비하기

하나 다음 과의 외울 말씀을 암송합시다.
둘   좋아하는 찬송 한 곡을 정하여 매일 아침과 저녁으로 불러 봅시다.

선지자 하박국의 찬송

■ 외울말씀 ■

선지가 가로되 여호와 나의 하나님, 나의 거룩한 자시여 주께서는 만세 전부터 계시지 아니하시니이까
우리가 사망에 이르지 아니하리이다 여호와여 주께서 심판하기 위하여 그를 두셨나이다
반석이시여 주께서 경계하기 위하여 그를 세우셨나이다(합 1:12)

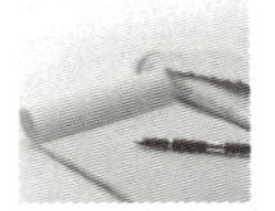

읽을 말씀   하박국 3:1-19

이 해 돕 기

엔도 슈사꾸의 〈침묵〉은 1587년 이래 일본의 태수 도요토미 히데요시(풍신수길)와 도꾸가와 장수로 이어 오면서, 카톨릭을 박해하기 시작하여 많은 사제와 신도들이 화형으로 처형되고 고문으로 학살당하기 시작했던 시절을 배경으로 쓰여진 소설입니다. 소설의 주인공은 로드리꼬라는 신부인데 박해가 시작되는 처음부터 끝까지 그 과정에서 인간의 고뇌와 신앙적 회의에서 갈등하는 모습으로 그려져 있습니다. 그 소설의 후반부에 이런 내용이 있습니다. 그리스도인들이 일본 관원들에 의해 예수님의 초상화를 밟도록 강요받았을 때, 자신들의 믿음을 지키기 위해 끝까지 성화를 밟지 않고 참혹한 죽음의 길을 걷는 순교자들이 있는 반면에 자신의 나약함으로 성화를 밟고 괴로움으로 방황하는 사람들이 있습니다. 한편 로드리꼬 신부는 이들을 지켜보면서 깊은 고뇌와 회의에 빠지게 됩니다. 오로지 하나님에 대한 뜨거운 신앙으로 하나님께 충성하는 신도들이 바닷물 속으로 무참히 가라 앉아 가는데 달라진 것이라곤 아무 것도 없습니다. 바다는 여전히 잠잠하고 새는 그 위를 자유롭게 날고, 하나님께서는 계속 침묵을 지킬 뿐입니다. 그러한 하나님의 침묵 속에서 매우 심각한 질문을 던집니다. 과연 하나님은 존재하는가? 존재한다면 어째서 이렇게 침묵할 수 있단 말인가? 이러한 상황을 목도하며 깊은 고뇌 가운데 있던 로드리꼬 신부는 다음과 같은 주님의 음성을 듣게 됩니다. '밟아라. 성화를 밟아라. 나는 너희들에게 밟히기 위해 존재하느니라. 밟는 너희 발이 아플 것이니 그 아픔만으로 충분하니라." 여기서 신부는 하나님의 사랑과 존재를 새로이 깨닫게 됩니다.

1 **고난을 앞두고 부른 노래입니다.**

찬송은 기쁘고 감사할 때만 부르는 것이 아닙니다. 모든 것을 잃어가는 순간에도 믿음의 사람은 하나님을 향하여 찬송을 부릅니다. 결혼식장에서도 찬송하고 장례식장에서도 찬송을 합니다. 평화로울 때 찬송하고 순교의 시간에도 찬송을 합니다.

하박국 3:1

이사야 61:3

시편 71:5

2 **마음이 하나님을 향한 노래입니다.**

믿음의 사람은 모든 순간 하나님을 향하여 선 자입니다. 고난을 앞둔 시간뿐만 아니라 고난의 시간에 하나님을 바라봅니다. 하나님을 부르며, 하나님께 기도를 드리며, 하나님을 찬양합니다. 신앙인의 모든 소망이 하나님께 있기 때문입니다.

하박국 3:2

시편 3:3

시편 31:1

3 지난 역사 속에 이루신 일들을 찬송합니다.

고난을 앞둔 시간 전에 하나님께서 행하신 일들과 능력을 믿음으로 찬송합니다. 지난 시간 믿음의 선진들에게 보이신 능력으로 이제도 행하실 것을 믿으며 찬송하는 것입니다.

하박국 3:3-15

시편 44:7

시편 104:24

4 자신의 형편과 마음을 고백합니다.

믿음의 사람들에게도 고난이 있습니다. 그 고난을 보면 마음이 떨리기도 합니다. 그러나 신앙의 사람은 마음을 열고 아뢸 분이 계십니다. 믿고 의지할 분이 계십니다. 그분께 솔직하게 다 고백하십시오. 하나님께서 들어주십니다.

하박국 3:16

시편 140:4

시편 141:1

5 신앙인은 모든 상황 속에 찬송할 수 있습니다.

모든 상황 속에 찬송할 수 있는 이유는 믿음의 대상이 있기 때문입니다. 환경은 바뀌고, 상황도 바뀌며 시대는 변합니다. 그러나 우리는 하나님은 변함이 없으신 창조주 하나님을 믿습니다.

하박국 3:17-19

시편 89:11

시편 102:25

신앙인은 고난의 시간에 그 믿음의 가치가 드러납니다. 어떤 일을 만나든지 먼저 자신이 믿고 의지하는 하나님을 바라봅니다. 선지자 하박국은 다가오는 고난의 시간에 지난 시간 하나님의 행하신 일들과 능력을 기억하며 찬양하고 있습니다. 그리고 자신의 떨리는 마음을 그대로 하나님께 고백하고 있습니다. 하나님을 찬양하는 순간 세상에 모든 것이 사라진다 할지라도 하나님으로 기뻐하며 감사하며 찬양하는 사람으로 서게 됩니다. 믿음의 사람이 극한 상황 속에서도 하나님을 찬송할 수 있는 이유는 하나님을 믿고 의지하기 때문입니다. αΩ

1. **인생에 어려운 문제를 만난 적이 있습니까?**

   혹은 현재 당면한 문제가 있습니까?

   1) 그 문제가 무엇입니까?

   2) 가장 먼저 그 문제를 해결하는 길은 무엇이라고 생각하십니까?

2. **지나온 경험을 종합해 볼 때 하나님은 어떤 분이십니까?**

   그 이유도 함께 기록해 보십시오.

3. **선지자 하박국의 찬송을 나의 찬송시로 바꾸어 고백의 시를 적어 보십시오.**

준비하기

하나   다음 과의 외울 말씀을 암송합시다.
둘   가족들과 함께 찬송하는 시간을 가져 봅시다.

찬송으로 예배를 드립니다

주는 나의 하나님이시라 내가 주께 감사하리이다
주는 나의 하나님이시라 내가 주를 높이리이다(시 118:28)

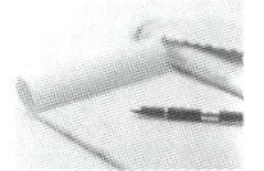

읽을 말씀   시편 118:1-17

이 해 돕 기

　‘안소니 드 멜로’ 의 ‘일분지혜’ 라고 하는 책에 스승이 어느 날 그 제자에게 이렇게 가르칩니다. “하나님을 찾지 말라. 그냥 바라보아라. 하나님을 찾지 말라. 그냥 바라보아라. 그러면 모든 것이 드러나게 될 것이다” 라고 가르쳤습니다. 제자가 스승에게 다시 물었습니다. “그렇지만 어떻게 바라보아야 하겠습니까?” 스승은 대답했습니다. “무엇을 바라볼 때마다 거기 있는 그대로만 보고 다른 것은 보지 마라.” 그래야 보게 될 것이라고. 제자가 당혹스러워하는 것을 보고 스승은 다시 설명을 해주었습니다. “예를 들면, 달을 바라볼 때에 달만 보고 다른 것은 보지 마라. 배고픈 사람은 달을 보면서 ‘저게 빵이 아닌가.’ 빵을 생각하면서 보면 달을 달로 볼 수가 없느니라. 또 사랑에 빠진 사람이 달빛을 쳐다보면 달을 보면서 사랑하는 사람의 얼굴만 생각하니까 또 달을 바로 볼 수 없느니라. 하나님을 볼 때에는 하나님만 보아라. 그래야 하나님을 만날 수 있을 것” 이라고 말했습니다. 찬송으로 드리는 예배는 오직 하나님께 드리는 예배입니다. 하나님을 바라보고 하나님만 생각하며 드리는 신앙고백이 있는 예배입니다.

　찬송의 내용에 예배에로의 부름, 응답찬송, 영광찬송, 참회와 고백, 말씀, 헌신과 결단, 축복찬송 등이 있습니다. 그러므로 때로는 준비된 예배로서 찬송으로 예배드리는 경험도 필요합니다. 아쉬운 점은 한국 찬송가는 예배에 필요한 찬송이 적다는 것입니다. 바라기는 경건과 예배를 위한 찬송을 좀더 많이 보급해야 할 것입니다. 찬송은 중세 시대까지 그러했던 것처럼 될 수 있는 대로 말씀으로 부르는 찬송을 권장해 봅니다. 단순한 곡에 맞추어 부를 수 있는 찬송이 많이 보급되어야 할 것입니다.

1 예배의 부름과 응답

예배의 시작은 인생들을 찾아오셔서 부르시는 하나님의 말씀으로부터 시작됩니다. 인간의 예배 행위는 부르시는 하나님께 대한 응답입니다.

시편 95:1-7

이사야 2:3; 55:1,7

시편 100:1-2

2 하나님께 영광의 찬양

하나님을 떠난 인간의 역사 속에 방황하는 인간을 부르시는 하나님께 영광을 돌리는 찬양을 드립니다.

시편 24:7-10

시편 29:1-3

시편 57:5, 8-9

3 참회와 사죄의 찬양

하나님 앞에 선 자가 스스로의 허물과 죄로 부끄러움에 참회의 찬송을 드립니다. 영이신 하나님께 숨김없이 드러나는 자신의 모습에 하나님의 용서를 구하며 죄를 고백합니다.

시편 25:7-8, 18

시편 26:6-7

시편 32:5

이사야 1:18

4 감사의 찬양

용서하시는 하나님께 인간은 감사의 찬양을 드릴 수밖에 없습니다. 감사의 찬양은 영혼을 자유하게 하시는 하나님께 대한 응답입니다.

시편 19:49

시편 35:18

시편 100:4

5 말씀듣기

하나님의 부르심을 받고 죄의 용서함을 받은 사람에게 하나님의 말씀이 선포됩니다. 하나님의 말씀은 용서함을 받은 사람이 살아야 할 길입니다.

시편 95:7-8

시편 119:81-82

시편 143:8

6 결단과 헌신

하나님의 말씀을 들은 사람이 그 말씀대로 살 것을 결단하며 헌신합니다. 스스로의 약함을 알기에 하나님의 도우심을 바라며 헌신하는 찬양을 드립니다.

시편 119:4-5, 15-16

시편 119:33-35

시편 119:66-67

7 하나님의 복을 선언

하나님께서는 창조의 세계에 복을 주시기 원하십니다. 예배하는 이들, 그리고 그 말씀을 듣고 행하는 신앙인들에게 하나님의 복이 선언됩니다.

민수기 6:24-27

신명기 1:11; 5:33; 15:4

신명기 28:1-15

요약클럽

찬양예배는 아름다운 소리의 조화로 드리는 예배입니다. 일반 예배와 같은 내용으로 찬송하며 드리는 것입니다. 그러므로 예배의 시작은 인간을 부르시는 하나님과 그 음성에 응답하는 신앙인으로부터 시작됩니다. 각지에서 모인 신앙인은 자신들을 부르신 하나님께 영광을 돌리며 찬송합니다. 하나님께 영광의 찬송을 하는 중에 자신을 발견하고 참회의 기도를 드리게 됩니다. 신앙인은 하나님께서 진정으로 참회하는 이들의 모든 허물과 죄를 용서하심을 확신하며 감사의 찬송을 드립니다. 그리고 하나님의 말씀을 듣고, 결단하며 헌신합니다. 하나님께서는 믿음의 사람들에게 복을 내려 주십니다. *αℒ*

1. 찬양으로 드리는 예배에 참석한 경험을 기억해 봅시다.

2. 찬송을 부르는 중에 얻은 감동을 기록해 봅시다.

3. 자신이 즐겨 부르는 찬송은 무엇입니까?

준비하기

하나 다음 과의 외울 말씀을 암송합시다.

둘 찬송으로 예배를 드리고 느낀 점을 기록해 봅시다.

하나님의 역사를 찬양합니다

하나님이여 우리가 주께 감사하고 감사함은 주의 이름이 가까움이라
사람들이 주의 기사를 전파하나이다(시편 75:1)

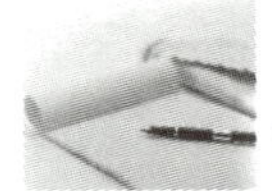

읽을 말씀 시편 76 편

이 해 돕 기

어느 교회에서 부활절을 준비하며 칸타타를 연습하고 있었습니다. 마지막으로 마무리 연습을 하기 위해 모두가 열심히 불렀습니다. 합창 순서가 지나가고 소프라노가 독창을 할 차례가 되었습니다. 독창자는 멋지게 "내 주는 살아 계시고"라는 가사를 부르기 시작했습니다. 그녀의 목소리는 천사의 소리 같았고 리듬은 최고의 기술이었습니다. 호흡이나 음정, 박자, 발음도 최고였습니다. 그녀는 마지막 음절까지 아주 멋지게 불렀습니다. 모든 대원이 감탄했습니다. 그때 지휘자가 지휘봉으로 지휘대를 두드렸습니다. 그리고 주위는 조용해 졌습니다. 아마도 "잘 불렀습니다!" 또는 "아주 훌륭했습니다!"라는 찬사가 지휘자의 입에서 나올 것이라고 모두가 기대했을 것입니다. 그때 지휘자는 그 자매를 향하여 이렇게 물어보았습니다. "자매님, 그대는 진정 주님께서 살아 계시다고 믿습니까?" 그 소리를 듣고 자매는 선뜻 대답했습니다. "그럼요. 믿고 말고요!" 계속해서 지휘자는 "그렇다면 예수님께서 정말로 살아 계신 것을 느낄 수 있도록 불러주세요. 자매의 노래를 듣는 사람들이 그것을 깨달을 수 있도록 마음에서 우러나오는 찬양을 불러주세요!" 그리고 부활주일에 그녀는 주님께서 살아 계셔서 지금도 함께 하시며 자신의 찬양을 받고 계심을 느끼는 마음으로 다시 불렀습니다. 듣는 사람들이 다 감격해서 울었답니다. 찬양을 마친 후 지휘자도 눈물을 글썽이면서 말했습니다. "자매님은 정말 예수님께서 살아 계신 것을 알고 있군요. 자매님의 노래가 그 사실을 우리에게 알려주었어요."

신앙생활은 하나님의 역사하심이 있고 그 다음에 그 응답으로 신앙적인 삶이 있습니다. 그러므로 신앙생활은 하나님의 구원사역에 대한 응답입니다. 예배, 기쁨, 감사, 찬양, 봉사로 나타납니다. 그래서 우리는 '나의 나됨은 하나님의 은혜' 라고 고백합니다. 본문도 하나님의 구원의 사역을 찬양함으로 시작되고 있습니다.

1 **하나님의 백성들이 찬송합니다(1절).**

찬송은 신앙인이 부르는 노래입니다. 우리는 때마다 일마다 함께 하신 하나님의 역사를 다 경험하였고, 경험하고 있습니다. 그러므로 "하나님이……알린 바 되셨으며 그 이름은 이스라엘에 크시도다"고 고백하고 있습니다. 그러므로 찬송은 하나님을 믿고 의지하는 믿음의 사람들의 노래입니다.

역대상 16:36

누가복음 18:43

시편 117:1

2 **하나님께서 예배하는 곳을 통하여 능력을 나타내십니다(2,3절).**

장막은 하나님께 예배하는 곳이요, 하나님과 그의 백성이 만나는 곳이며, 상징적으로 하나님의 거하시는 처소입니다. 하나님께서 자신의 이름으로 예배하는 곳을 통하여 일하십니다. 이곳을, 우리를, 나를 통해서 일하십니다. 이로써 하나님께서 이루어 가심을 나타내는 것입니다. 3절. '화살과 방패와 칼과 전쟁'은 인간의 방법입니다. 인간이 의지하는 힘입니다. 오늘날 성도들도 화살과 같이 마음을 찌르는 고통을 당하기도 합니다. 그러나 하나

님께서 함께 하시면 그 모든 것은 무의미합니다. 하나님께서 모든 환난에서
보호하시기 때문입니다.

시편 23:3

열왕기상 8:30-36

③ 하나님을 찬송합니다(4-6절).

하나님이 어떤 분이시며, 어떠한 일을 하시는가를 증거하고 있습니다. 특히
하나님을 영화로우시며, 가장 존귀하신 분으로 고백합니다. '영화롭다' 는
말은 하나님의 거룩성을 뜻하는 말로 '강한 빛으로 둘러있음' 을 말합니다.
즉, 인간이 감히 접근할 수 없으며, 인간의 상상을 초월하여 계심을 뜻합니
다. 뿐만 아니라 '존귀하신 분' 이란, 하나님의 능력에 속하는 말로 '높고 귀
하신 분' 이라는 뜻입니다.

역대상 16:26-28

느헤미야 9:5

디모데전서 6:16

④ 인간이 경외할 분은 오직 하나님이십니다(7-9절).

두려워할 것을 두려워해야 합니다. 사단은 우리를 보이는 것을 크게 생각하
도록 합니다. 그것에 매이도록 합니다. 두려움은 불신앙입니다. 성경을 보
면 믿음의 사람들을 향하여 계속해서 "두려워하지 말라, 놀라지 말라"고 권
면하고 있습니다. 진정 경외할 대상은 오직 하나님이십니다.

이사야 41:10

마태복음 10:28

5 **하나님께 최고의 가치를 부여하라고 찬송합니다(10-12절).**

모든 시간이 지난 후에 오직 하나님만을 찬송하게 될 것입니다. 그리고 그 환난의 날에 하나님을 향하여 가졌던 마음과 고백을 잊지 말고 지켜야 합니다. 이 시대에 믿음의 사람이 지녀할 중요한 것은 하나님의 역사하심을 볼 수 있는 믿음의 눈입니다. 믿음의 눈이 곧, 지혜요, 통찰력입니다.

창세기 35:3

신명기 8:4

신명기 23:1

요약클럽

찬송은 하나님의 능력과 은혜를 경험한 믿음의 사람들이 부르는 노래입니다. 하나님께서는 하나님을 부르고 그 뜻을 행하는 이들과 장소를 통하여 구체적으로 역사하십니다. 그렇게 하심으로서 하나님의 살아 계심과 능력을 세상으로 하여금 깨닫게 하시기 위함입니다. 하나님은 인간이 감히 상상할 수 없는 분이십니다. 그러므로 인간이 할 일은 오직 찬송하며 그의 뜻을 행하는 것입니다. 그러므로 찬송은 하나님께 최고의 가치를 부여하는 마음으로부터 우러나오는 노래입니다. *el*

1. 그때와 지금이라는 주제로 생각해봅시다.

   하나님의 뜻을 바로 알지 못하여 원망이나 불신했던 일이 오늘에 와서 하나
   님의 은혜로 깨달은 사실은 무엇입니까?

2. 하나님께서 나를 통하여 이루신 일들이 있다면 무엇입니까?

3. 찬송에 대한 간증을 찾아 들어 봅시다.

준비하기

하나　다음 과의 외울 말씀을 암송합시다.
둘　　복음성가 중에 좋아하는 찬송 한 곡을 골라 외워봅시다.

구원의 하나님을 찬송합니다

 읽을 말씀   시편 124 편

이 해 돕 기

　　이런 이야기가 있습니다. 데오크리트라는 가난한 소년이 있었답니다. 온 종일 상점에서 일을 하면서 피곤하지만 찬송을 부르는 것을 좋아했습니다. 어느 날 데오크리트가 일하면서 노래하는 것을 지나가던 한 수도사가 들었습니다. 기쁨에 찬 소년의 노래를 듣자 수도사가 발걸음을 멈추고 말했다. "네 노래는 참으로 아름답구나. 하나님께서 네 찬양의 노래를 들으실 거다. 그러나 네가 로마의 교황이 되어 성베드로 대성당에서 부활절날 노래를 부른다면 얼마나 좋겠느냐." 이 말을 들은 데오크리트는 "제가 죽기 전 성베드로 성당에서 꼭 하나님께 찬양하게 해주십시오"라고 기도하기 시작했습니다. 이 간구의 기도를 들은 천사가 지상에 내려가 이 소년을 로마로 인도해 갔답니다. 그리고 그 소년을 대신해서 자신이 데오크리트 같은 소년이 되어 상점에서 일하였습니다. 그러나 천사는 소년이 하던 일을 잘 해낼 수 있었지만 소년의 노래는 흉내낼 수가 없었습니다. 그러던 어느 날 "내가 한 소년의 노랫소리를 듣고 있으나 그 소리에는 데오크리트의 노래처럼 어찌 경외심과 간절함이 없는가" 하는 하나님의 음성을 듣게 되었습니다. 결국 천사는 로마로 달려갔습니다. "내가 잘못 판단했습니다. 당신의 옛집에서 노래부르는 일은 그 어느 누구도 할 수 없습니다. 하나님께서는 당신의 작은 찬양을 기다리고 계십니다. 어서 돌아와서 다시 하나님을 찬양하는 노래를 불러주십시오." 데오크리트는 비록 그토록 바라던 성베드로 성당에서 노래를 할 수는 없게 되었지만, 다시 가난한 집으로 돌아와 노래를 불렀을 때, 그 노래소리를 듣는 수많은 생명들과 하나님께 기쁨을 가져다 주었답니다.

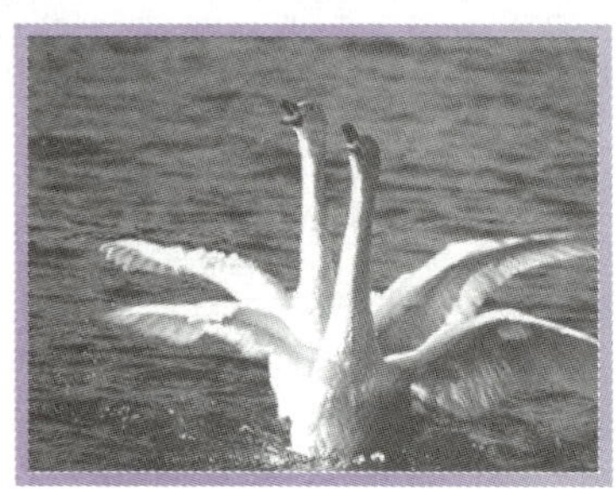

시편 124편의 표제는 '성전에 올라가면서 부르는 노래'입니다. 성전은 하나님을 예배하는 곳입니다. 성전에 올라가는 이유와 하나님께 예배하며 찬송하는 이유를 찾아 볼 수 있습니다.

1 어려운 시기를 지난 후에 드리는 찬송입니다(1절).

믿음의 사람은 지난 모든 시간이 하나님의 은혜로 해석합니다. 모든 일에 함께 하시고 보호하시며, 인도하시는 하나님을 고백합니다. 모든 것이 하나님의 은혜입니다. 그때에도 하나님을 믿음으로 살았습니다. 그리고 이제도 하나님의 은혜 안에서 생각합니다.

신명기 32:7

시편 77:11-12

시편 116:12-14

2 하나님께서 함께 하셨음을 찬송합니다(2-5절).

"만약 여호와께서 우리 편에 계시지 않았다면……." 지난 모든 순간 하나님께서 함께 하시지 않았다면 어떻게 되었겠습니까? 비참하게 끝나고 말았을 것입니다. 시인은 "그때에"라는 말을 세 번이나 반복해서 설명합니다.

창세기 21:22

창세기 31:5

신명기 2:7, 31:8

3 하나님께서 보호하셨습니다(6, 7절).

그 어려운 순간 하나님은 우리와 가까이 계셨습니다. 우리를 감싸주셨습니다. 우리의 영혼을 위로하시며 소망을 주시고 쓰러지지 않도록 붙들어 주셨습니다. 뿐만 아니라 우리에게 소망과 용기를 주셔서 그 모든 어려움을 이기게 해 주셨습니다.

신명기 32:10

이사야 41:10-13

시편 32:7

4 하나님께서 도우셨습니다(8절).

신앙인은 하나님을 의지합니다. 그 분은 천지를 지으신 전능하신 하나님이십니다. 아무 것도 없는 중에 무엇을 만드시는 분이십니다. 모든 것을 바꾸시는 분이십니다. 마음을 바꾸시고, 환경을 바꾸십니다. 성서는 전능하신 하나님에 대한 증거를 합니다. 특히 예수 그리스도를 통하여 나타내 주셨습니다.

느헤미야 2:8

시편 56:9

사도행전 26:22

찬송을 부르는 이들은 이미 하나님의 은혜를 경험한 믿음의 사람들입니다. 고난의 시간을 돌아보며 신앙고백적인 노래를 부릅니다. 구원의 하나님, 함께 하시고 보호하신 하나님의 돌보심에 감사하며 부르는 노래가 구원의 찬송입니다. 지난 시간 함께 하신 하나님께서는 오늘도 함께 하심을 기억하며 믿음과 소망으로 힘찬 신앙생활을 계속하시기를 바랍니다. αΩ

1. 가장 어려운 때는 언제였습니까?

2. 어려운 시간에 하나님께서는 어떻게 함께 하셨습니까?

3. 오늘의 문제가 있다면 무엇입니까?

　그리고 그 문제 속에 하나님께서 원하시는 것은 무엇입니까?

준비하기

하나　다음 과의 외울 말씀을 암송합시다.
둘　　다음시간까지 매일 한번씩 시편 135편을 읽어봅시다.

여호와를 찬송합니다

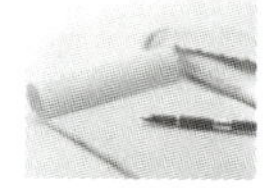

읽을 말씀   시편 135 편

이해돕기

위대한 성가를 많이 작곡했던 조셉 하이든은 훌륭한 음악들을 많이 작곡했습니다. 하루는 어떤 사람이 하이든에게 이렇게 물었답니다. "당신은 그 놀라운 음악을 작곡하는 영감을 어디에서 얻습니까?" 하이든이 대답합니다. "나는 이렇게 기도합니다. '하나님, 하나님이 내 삶의 주인이십니다. 하나님이 내게 지혜를 주셔서 내가 아름다운 음악을 작곡하게 되면 이것은 하나님의 영광을 위해서 작곡한 것이며 하나님의 영광을 위해서 이 음악을 주님 앞에 드릴 것입니다.'" 그가 작곡한 곡 가운데 대표적으로 유명한 곡이 '천지 창조' 입니다. 성경의 창세기와 존 밀톤의 '실락원' 에 근거해서 그는 이 위대한 '천지 창조' 를 작곡했답니다. 이 곡이 비엔나에서 공연하게 되던 날입니다. 그때 하이든은 몸이 몹시 아팠습니다. 그래서 이 위대한 곡이 공연될 때 그는 환자로서 뒤에 앉아 있게 되었습니다. 그 날 지휘를 하던 지휘자는 정말 놀랍게 이 음악을 지휘했습니다. 연주가 끝났을 때 수많은 사람들이 일어서서 지휘자에게 박수를 보냈습니다. 그때 지휘자는 청중들의 박수를 중단시키면서 뒷좌석 발코니에 앉아 있는 하이든을 가리킵니다. 그리고 이렇게 말합니다. "저 사람입니다. 저 분이 이 놀랍고 아름다운 음악을 작곡했습니다." 사람들이 다시 고개를 돌려서 하이든을 바라보며 일제히 일어나 박수를 치기 시작했습니다. 하이든이 갑자기 청중들을 중단시키면서 말합니다. "아니오." 그는 하늘을 가리키면서 이런 유명한 이야기를 합니다. "나는 아무 것도 아닙니다. 그분이 모든 것입니다. 이 모든 것은 하늘로부터 온 것입니다. 주님께서 나에게 지혜를 주셨습니다. 그분께만 영광을 돌리십시오."

신앙생활의 특징 중에 하나가 기도와 찬송입니다. 기도는 하나님의 도우심을 구하는 것입니다. 찬송은 하나님역사를 기쁨으로 노래하는 것입니다. 찬송의 내용에는 기도의 모든 요소를 가지고 있습니다. 그래서 곡조 있는 기도라고도 합니다. 그러나 단순한 기도의 내용이 아닙니다. 신앙고백이 있고, 증거, 간증도 있습니다.

1 여호와를 찬송하라고 합니다(1-3절).

1) "할렐루야"라는 말은 '여호와를 찬송하라' 는 뜻입니다. 여기서 여호와란, '있고자 하는 곳에 계시며, 하고자 하는 일은 반드시 이루시는 하나님' 이라는 뜻입니다. 즉, '창조자요, 역사를 형성하는 자' 이십니다.

　　출애굽기 6:2,6

　　출애굽기 3:7-15

2) 누가 찬송을 합니까?(2절)

3) 찬송의 주제는 무엇입니까?(3절)

2 **하나님께서 자기를 위하여 우리를 택하셨습니다(4절).**

하나님을 나타내기 위하여 택하신 것입니다. 하나님은 당신의 백성을 통하여 나타내십니다. 하나님이 어떤 분이신가, 그분이 무엇을 이루시는가를 보여 주십니다.

이사야 42:1

이사야 43:20

사도행전 9:15

3 **우리가 분명히 아는 것이 있습니다(5-7절).**

첫째는 여호와께서는 광대하십니다. 이는 감히 인간이 상상할 수도 예측할 수도 없으신 분이십니다. 그 행하심이 크고 깊고 넓기 때문입니다. 둘째로 모든 신보다 높으신 분이십니다. 인간이 만든 신들, 우상들과 비교가 되지 않습니다. 셋째로 능력이 크신 분이십니다.

시편 139;6

시편 148:13

4 **구원의 역사를 통하여 하나님의 능력을 볼 수 있습니다.**

시편 135편 8-12절을 읽어봅시다. 아무도 아무 것도 하나님의 역사를 막을 수가 없었습니다. 세상이 의지하는 힘, 즉, 권력, 군사력, 경제력, 과학까지도 하나님 앞에는 아무 것도 아닙니다. 내 힘, 내 능력, 내 경험을 자랑할 때도 있었습니다. 그러나 이제는 압니다. 하나님의 역사하심이 함께 하셔야 가능합니다. 하나님이 함께 하시면 할 수 있습니다. 인간이 아무리 능력 있어도 한 영혼도 구원할 수 없습니다. 한 생명도 구할 수 없습니다.

5 **긍휼이 풍성하신 영원하신 하나님을 찬송합니다.**

시편 135편 13-14절을 읽어봅시다. 하나님은 영원하십니다. 이전의 믿음의 선진들이 하나님의 이름을 찬양했고, 오늘 우리가 하나님을 믿고 의지하며 찬양하듯이 오는 모든 세대에도 하나님은 영원하십니다. 과학이 발달할수록 인간의 영혼은 더욱 하나님을 찾게 될 것입니다. 여호와께서 자기 백성을 판단하신다는 말씀은 백성을 아신다는 것입니다. 겉과 속을 아십니다. 행위와 진실을 아십니다. 그리고 그 종들을 긍휼히 여기십니다. 긍휼히 여기심은 연약함을 아시고 불쌍히 여기심을 의미합니다. 불쌍히 여기실 뿐만 아니라 위로하시고, 소망을 주시고, 감싸주심을 의미합니다.

6 **세상의 우상들은 거짓된 것들입니다.**

본문 15-18절을 읽고 우상의 특징을 기록해 봅시다. 그리고 어리석은 우상에 비하여 하나님은 어떤 분이십니까?

7 **믿음의 사람들은 여호와 하나님을 찬양합니다.**

하나님을 찬송하는 이들은 하나님을 아는 사람들입니다. 19-21절에 송축하라는 말씀이 몇 번나옵니까? 그리고 하나님을 송축해야 할 이들은 누구입니까?

요약클럽

찬송의 모습은 여러 가지입니다. 신앙인의 모든 생활이 하나님을 찬송하는 것입니다. 생활 자세, 모습, 명랑한 목소리, 각자 맡겨진 일들 등. 세상을 창조하신 하나님께서 창조물들이 각자 자기의 자리에서 자기의 역할을 감당하는 것을 보며 기뻐하신 것과 같습니다. 하나님을 떠난 역사가운데 믿음의 사람들을 택하셔서 인간이 어떻게 살아야 하는지를 보여 주십니다. 구원하시는 하나님을 찬양하며, 그 모든 은혜에 감사하는 생활을 찬송을 통하여 드러내도록 하십니다. α

1. 찬송가의 공통되는 주제가 무엇이라고 생각하십니까?

2. 신앙인들이 경험한 하나님은 대체로 어떤 하나님이십니까?

3. 신앙인들의 공통된 경험이 찬송에 들어 있음을 알 수 있습니다.
   이제 찬송가 405장을 부르고 그 내용에 나오는 주제들을 적어 봅시다.

하나   다음 과의 외울 말씀을 암송합시다.
둘   시편 150편을 외워옵시다.

여호와를 찬양하라

읽을 말씀   시편 150 편

이 해 돕 기

　　1741년 8월 22일, 56세 때 헨델은 자택의 조그마한 방에 앉아 하늘에서 소리를 듣듯이 오선지에 악보를 그려놓고 있었습니다. 그는 작곡에 몰두하여 하인이 먹을 것을 갖다 주었으나 한 시간 이상이 지나도록 음식엔 손도 대지 않았습니다. 그는 눈물을 흘리면서 구슬픈 아리아 부분을 작곡하고 있었던 것입니다. 그리고 이따금씩 멍하니 창문 밖을 응시하였고 미친 듯이 어깨를 구부리고 있었습니다. 드디어 21일 이 지나 9월 14일, 완성된 악보를 책상 서랍에 넣은 다음 촛불을 끄고 깊은 잠에 빠졌습니다. 이것이 그 유명한 헨델의 '메시야'가 완성된 과정입니다. 그는 전 3부에 약 2시간 30분 소요되는 최대작품을 불과 22일 만에 완성했던 것입니다(제1부는 7일, 제2부는 9일, 제3부는 6일 동안 걸렸습니다). 처음 연주는 1743년 런던에서 영국의 왕 조지 2세가 참석하였습니다. '할렐루야 코러스' 부분에 다다르자 왕은 감격한 나머지 벌떡 일어났으므로 측근은 물론 청중들도 모두 자리에서 일어섰습니다. 이 관습은 현재도 계속되고 있습니다. 헨델은 메시야를 작곡하고 있는 동안 깊은 영적 세계로 빠져들곤 했습니다. 책상 앞에서 끊임없이 흘린 눈물, '할렐루야 합창' 부분이 완성되는 순간 외친 탄성, 곧 "나는 내 앞에서 열린 천국을 보았으며 위대한 신을 만났다"고 한 사실들을 종합해보면 '메시야'가 단순히 한 인간의 천재나 영감으로만 이루어지지 않았음을 알 수 있습니다. 하나님께서 헨델을 감동시키신 것입니다.

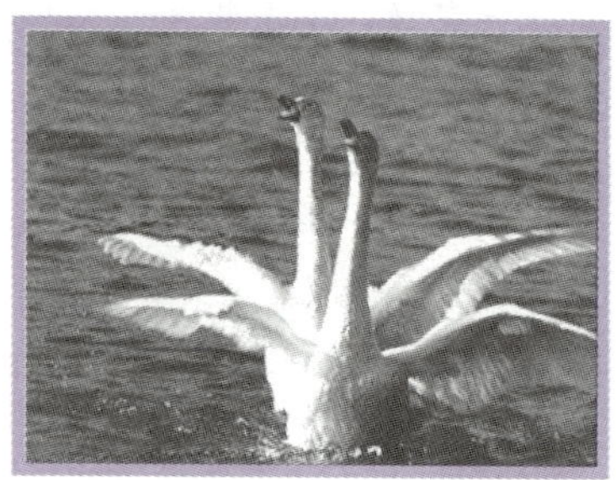

할렐루야로 시작되는 시편 150편은 시편의 마지막 찬양의 시입니다. 6절의 짧은 시에 "찬양"이라는 말이 11번이나 나옵니다. 신앙생활의 시작과 끝이 찬양입니다. 신앙생활의 특징도 하나님을 찬양하는 것입니다. 찬양과 신앙인은 뗄 수 없는 관계입니다. 부디 여러분의 모든 삶이 하나님을 찬양하는 시와 같기를 바라면서 이 시편을 살펴보고자 합니다.

본문은 찬양에 대하여 어디서 찬양할 것이며(1절), 왜 찬양해야 하는가(2절), 어떻게 찬양할 것인가(3-5절), 마지막으로 누가 찬양할 것인가를 알려주고 있습니다.

1 과연 어디서 하나님을 찬양할 것입니까? (1절)

성소에서 하나님을 찬양합니다. 성소는 하나님을 만나는 곳이며, 하나님께 예배하고, 기도하는 장소입니다. 성소는 다른 곳에서는 성전, 성막이라고 표현하고 있습니다. 성소는 하나님의 은혜가 있는 곳입니다. 더 나아가 "권능의 궁창에서 그를 찬양"하라고 합니다. 하나님의 능력이 나타나는 모든 곳입니다. 하나님의 은총이 있는 모든 곳에서 하나님을 찬양합니다.

2 왜 하나님을 찬양합니까? (2절)

'지극히 광대하심' 이란 하나님의 구체적인 하나님의 사역을 말합니다. 세상을 창조하시고, 또한 우리를 믿음의 사람으로 만드신 분, 세상을 섭리 가운데 인도하듯이 우리를 은혜 가운데 인도하시는 하나님, 폭풍우와 낮과 밤에도 함께 하시듯이 모든 환난과 고난 속에 동행하시며 구원하시는 하나님을 찬양합니다.

3 어떻게 찬양할 것입니까? (3-5절)

"나팔 소리로 찬양하며" 나팔은 율법을 선포할 때 크게 불었습니다. 또한 희년을 선언할 때 불었습니다. 그리고 왕이 즉위할 때 불었습니다. 전쟁을 선언할 때, 중대하고 엄숙한 사건과 관련되어 나팔을 불었습니다. 나팔소리에 사람들은 모여들었습니다. "비파와 수금으로 찬양할지어다!" 하나님의 나팔소리를 듣고 몰려온 믿음의 사람들은 아름다운 소리로 하나님을 찬양했습니다. 각각 자기의 은사대로 하나님을 찬양했습니다. "소고치며 춤추어 찬양하며 현악과 퉁소로 찬양할지어다" 하나님의 부름을 받은 사람들은 즐거움과 기쁨으로 하나님을 마음껏 찬양했습니다. 감사함으로 하나님을 찬양했습니다. "큰 소리 나는 제금으로 찬양하며 높은 소리 나는 제금으로 찬양할지어다!" 하나님 앞에 모인 성도들은 하나님 앞에 잠잠할 수 없었습니다. 그들을 부르시고 인도하시는 하나님 앞에서 기쁨을 찬양으로 표현했습니다. 사람이 신나면 노래를 합니다. 우리는 그 노래에 신앙고백을 실어서 부릅니다. 이것이 찬양입니다.

4 누가 찬양을 합니까? (6절)

모든 피조물이 찬양합니다. 특별히 하나님의 형상으로 지음 받은 인간들이 찬양을 합니다. 성경은 말합니다. "호흡이 있는 자마다 여호와를 찬양할지어다" 호흡이 있는 자들, 숨쉬는 모든 이들은 하나님을 찬양해야 합니다. 우리의 사는 모든 날 동안 하나님을 찬양할 수 있기를 바랍니다.

찬송은 언제 어디서나 부르는 신앙인의 노래입니다. 찬송의 리듬을 맞추는 악기는 소리나는 모든 것이 가능합니다. *αΩ*

1. 소리를 낼 수 있는 모든 것을 동원하여 박자를 맞추어 찬송해 봅시다.

   악기뿐만 아니라 나무토막을 서로 부딪쳐 소리내기, 냄비를 두드리며 부르기, 두 개의 조약돌로 박자 맞추기 등.

2. 위와 같이 찬송한 소감을 써봅시다.

찬송으로 드리는 예배의 실제

인도: 맡은이

■ 예배의 부름

인도자

"오라 우리가 여호와께 노래하며 우리 구원의 반석을 향하여 즐거이 부르자 우리가 감사함으로 그 앞에 나아가며 시로 그를 향하여 즐거이 부르자 대저 여호와는 크신 하나님이시요 모든 신 위에 크신 왕이시로다 땅의 깊은 곳이 그 위에 있으며 산들의 높은 것도 그의 것이로다 바다가 그의 것이라 그가 만드셨고 육지도 그의 손이 지으셨도다 오라 우리가 굽혀 경배하며 우리를 지으신 여호와 앞에 무릎을 꿇자 대저 저는 우리 하나님이시요 우리는 그의 기르시는 백성이며 그 손의 양이라 너희가 오늘날 그 음성을 듣기를 원하노라"(시 95:1-7)

우리가 믿는 하나님은 창조주 하나님이십니다. 하나님께 나아가는 자는 시와 노래로 영광을 하나님께 돌립니다.

"이스라엘의 찬송 중에 거하시는 주여 주는 거룩하시니이다"(시 22:3)

찬 송 ······11장 거룩한 주님께 ······다같이

■ 영광의 찬송

인도자

"할렐루야 여호와의 이름을 찬송하라 여호와의 종들아 찬송하라 여호와의 집 우리 하나님의 전정에 섰는 너희여 여호와를 찬송하라 여호와는 선하시며 그 이름이 아름다우니 그 이름을 찬양하라"(시 135:1-3)

찬 송 ······4장 성부 성자 성령 ······다같이

찬 송 ·················50장 큰 영화로신 주 ·················다같이

■ 고백의 시간

찬 송·················188장 만세 반석 열리니·················다같이

인도자
"만군의 여호와여 주의 장막이 어찌 그리 사랑스러운지요 나의 왕, 나의 하나님, 만군의 여호와여 주의 제단에서 참새도 제 집을 얻고 제비도 새끼 둘 보금자리를 얻었나이다 주의 집에 거하는 자가 복이 있나이다 저희가 항상 주를 찬송하리이다(셀라)"(시 84:1, 3-4)

찬 송·················85장 구주를 생각만 해도 ·················다같이

인도자
"나 주 여호와가 말하노라 이스라엘 족속아 내가 너희 각 사람의 행한 대로 국문할지니라 너희는 돌이켜 회개하고 모든 죄에서 떠날지어다 그리한즉 죄악이 너희를 패망케 아니하리라 너희는 옷을 찢지 말고 마음을 찢고 너희 하나님 여호와께로 돌아올지어다 그는 은혜로우시며 자비로우시며 노하기를 더디하시며 인애가 크시사 뜻을 돌이켜 재앙을 내리지 아니하시나니 여호와께서 말씀하시되 오라 우리가 서로 변론하자 너희 죄가 주홍 같을지라도 눈과 같이 희어질 것이요 진홍 같이 붉을지라도 양털 같이 되리라"(겔 18:30; 욜 2:13; 사 1:18)

찬 송·················215장 이 죄인을 완전케 하옵시고·················다같이

찬 송 ·················217장 주님의 뜻을 이루소서 ·················다같이

■ 용서의 말씀
인도자
"내가 네 허물을 빽빽한 구름의 사라짐 같이, 네 죄를 안개의 사라짐 같이 도말하

였으니(없애 버렸으니) 너는 내게로 돌아오라 내가 너를 구속(구원)하였음이니
라"(사 44:22)

찬 송 ·················196장 날 구원하신 예수를·················**다같이**

■ 말씀의 시간

인도자
"주를 향하여 손을 펴고 내 영혼이 마른 땅 같이 주를 사모하나이다(셀라), 여호
와여 주의 도를 내게 보이시고 주의 길을 내게 가르치소서 여호와여 주의 도로 내
게 가르치소서 내가 주의 진리에 행하오리니 일심으로 주의 이름을 경외하게 하
소서 나의 영혼이 주의 구원을 사모하기에 피곤하오나 나는 오히려 주의 말씀을
바라나이다"(시 143:6; 25:4; 86:11; 119:81)

찬 송 ·················217장 주님의 뜻을 이루소서 ·················**다같이**

오늘의 말씀 ·················시편 19:7-14 ·················**목회자 또는 맡은이**
"여호와의 율법은 완전하여 영혼을 소성케 하고 여호와의 증거는 확실하여 우둔
한 자로 지혜롭게 하며 여호와의 교훈은 정직하여 마음을 기쁘게 하고 여호와의
계명은 순결하여 눈을 밝게 하도다 여호와를 경외하는 도는 정결하여 영원까지
이르고 여호와의 규례는 확실하여 다 의로우니 금 곧 많은 정금보다 더 사모할 것
이며 꿀과 송이꿀보다 더 달도다 또 주의 종이 이로 경계를 받고 이를 지킴으로
상이 크니이다 자기 허물을 능히 깨달을 자 누구리요 나를 숨은 허물에서 벗어나
게 하소서 또 주의 종으로 고범죄를 짓지 말게 하사 그 죄가 나를 주장치 못하게
하소서 그리하시면 내가 정직하여 큰 죄과에서 벗어나겠나이다 나의 반석이시요
나의 구속자이신 여호와여 내 입의 말과 마음의 묵상이 주의 앞에 열납되기를 원
하나이다"

찬 송 ·················341장 너 하나님께 이끌리어 ·················**다같이**

■ 헌 신

"주께서 내 마음을 넓히시오면 내가 주의 계명의 길로 달려 가리이다 여호와여 주의 율례의 도를 내게 가르치소서 내가 끝까지 지키리이다 나로 깨닫게 하소서 내가 주의 법을 준행하며 전심으로 지키리이다 나로 주의 계명의 첩경으로 행케 하소서 내가 이를 즐거워함이니이다"(시 119:32-35)

찬송 ················351장 날 대속하신 예수께··················다같이

■ 축복의 말씀

목회자 또는 맡은이

"여호와는 네게 복을 주시고 너를 지키시기를 원하며 여호와는 그 얼굴로 네게 비취사 은혜 베푸시기를 원하며 여호와는 그 얼굴을 네게로 향하여 드사 평강주시기를 원하노라"(민 6:24-26)

찬 송 ············434장 나의 갈 길 다 가도록 ···············다같이

찬양집회용 성구

1. 예배의 부름

1) 시편 95:1-6

"오라 우리가 여호와께 노래하며 우리 구원의 반석을 향하여 즐거이 부르자 우리가 감사함으로 그 앞에 나아가며 시로 그를 향하여 즐거이 부르자 대저 여호와는 크신 하나님이시요 모든 신 위에 크신 왕이시로다 땅의 깊은 곳이 그 위에 있으며 산들의 높은 것도 그의 것이로다 바다가 그의 것이라 그가 만드셨고 육지도 그의 손이 지으셨도다 오라 우리가 굽혀 경배하며 우리를 지으신 여호와 앞에 무릎을 꿇자"

2) 이사야 2:2-3

"말일에 여호와의 전의 산이 모든 산 꼭대기에 굳게 설 것이요 모든 작은 산 위에 뛰어나리니 만방이 그리로 모여들 것이라 많은 백성이 가며 이르기를 오라 우리가 여호와의 산에 오르며 야곱의 하나님의 전에 이르자 그가 그 도로 우리에게 가르치실 것이라 우리가 그 길로 행하리라 하리니 이는 율법이 시온에서부터 나올 것이요 여호와의 말씀이 예루살렘에서부터 나올 것임이니라"

3) 이사야 55:1-2

"너희 목마른 자들아 물로 나아오라 돈 없는 자도 오라 너희는 와서 사 먹되 돈 없이 값 없이 와서 포도주와 젖을 사라 너희가 어찌하여 양식 아닌 것을 위하여 은을 달아 주며 배부르게 못할 것을 위하여 수고하느냐 나를 청종하라 그리하면 너희가 좋은 것을 먹을 것이며 너희 마음이 기름진 것으로 즐거움을 얻으리라"

4) 호세아 6:1-3

"오라 우리가 여호와께로 돌아가자 여호와께서 우리를 찢으셨으나 도로 낫게 하실 것이요 우리를 치셨으나 싸매어 주실 것임이라 여호와께서 이틀 후에 우리를 살리시며 제삼 일에 우리를 일으키시리니 우리가 그 앞에서 살리라 그러므로 우리가 여호와를 알자 힘써 여호와를 알자 그의 나오심은 새벽 빛 같이 일정하니 비와 같이, 땅을 적시는 늦은 비와 같이 우리에게 임하시리라 하리라"

5) 시편 96:1-9

"새 노래로 여호와께 노래하라 온 땅이여 여호와께 노래할지어다 여호와께 노래하여 그 이름을 송축하며 그 구원을 날마다 선파할지어다 그 영광을 열방 중에, 그 기이한 행적을 만민 중에 선포할지어다 여호와는 광대하시니 극진히 찬양할 것이요 모든 신보다 경외할 것임이여 만방의 모든 신은 헛것이요 여호와께서는 하늘을 지으셨음이로다 존귀와 위엄이 그 앞에 있으며 능력과 아름다움이 그 성소에 있도다 만방의 족속들아 영광과 권능을 여호와께 돌릴지어다 여호와께 돌릴지어다 여호와의 이름에 합당한 영광을 그에게 돌릴지어다 예물을 가지고 그 궁정에 들어갈지어다 아름답고 거룩한 것으로 여호와께 경배할지어다 온 땅이여 그 앞에서 떨지어다"

2. 찬양하라

1) 시편 47:5-7
"하나님이 즐거이 부르는 중에 올라가심이여 여호와께서 나팔소리 중에 올라가시도다 찬양하라 하나님을 찬양하라 찬양하라 우리 왕을 찬양하라 하나님은 온 땅의 왕이심이라 지혜의 시로 찬양할지어다"

2) 시편 66:1-4
"온 땅이여 하나님께 즐거운 소리를 발할지어다 그 이름의 영광을 찬양하고 영화롭게 찬송할지어다 하나님께 고하기를 주의 일이 어찌 그리 엄위하신지요 주의 큰 권능으로 인하여 주의 원수가 주께 복종할 것이며 온 땅이 주께 경배하고 주를 찬양하며 주의 이름을 찬양하리이다 할지어다(셀라)"

3) 시편 65:4; 68:3-4
"주께서 택하시고 가까이 오게 하사 주의 뜰에 거하게 하신 사람은 복이 있나이다 우리가 주의 집 곧 주의 성전의 아름다움으로 만족하리이다"
"의인은 기뻐하여 하나님 앞에서 뛰놀며 기뻐하고 즐거워할지어다 하나님께 노래하며 그 이름을 찬양하라 타고 광야에 행하시던 자를 위하여 대로를 수축하라 그 이름은 여호와시니 그 앞에서 뛰놀지어다"

4) 시편 69:29-32; 68:19
"오직 나는 가난하고 슬프오니 하나님이여 주의 구원으로 나를 높이소서 내가 노래로 하나님의 이름을 찬송하며 감사함으로 하나님을 광대하시다 하리니 이것이 소 곧 뿔과 굽이 있는 황소를 드림보다 여호와를 더욱 기쁘시게 함이 될 것이라 온유한 자가 이를 보고 기뻐하나니 하나님을 찾는 너희들아 너희 마음을 소생케

할지어다"

"날마다 우리 짐을 지시는 주 곧 우리의 구원이신 하나님을 찬송할지로다"

5) 시편 71:22-24

"나의 하나님이여 내가 또 비파로 주를 찬양하며 주의 성실을 찬양하리이다 이스라엘의 거룩하신 주여 내가 수금으로 주를 찬양하리이다 내가 주를 찬양할 때에 내 입술이 기뻐 외치며 주께서 구속하신 내 영혼이 즐거워하리이다 내 혀도 종일토록 주의 의를 말씀하오리니 나를 모해하려 하던 자가 수치와 무안을 당함이니이다"

6) 시편 84:1-4

"만군의 여호와여 주의 장막이 어찌 그리 사랑스러운지요 내 영혼이 여호와의 궁정을 사모하여 쇠약함이여 내 마음과 육체가 생존하시는 하나님께 부르짖나이다 나의 왕, 나의 하나님, 만군의 여호와여 주의 제단에서 참새도 제 집을 얻고 제비도 새끼 둘 보금자리를 얻었나이다 주의 집에 거하는 자가 복이 있나이다 저희가 항상 주를 찬송하리이다(셀라)"

7) 시편 113:1-4

"할렐루야, 여호와의 종들아 찬양하라 여호와의 이름을 찬양하라 이제부터 영원까지 여호와의 이름을 찬송할지로다 해 돋는 데서부터 해 지는 데까지 여호와의 이름이 찬양을 받으시리로다 여호와는 모든 나라 위에 높으시며 그 영광은 하늘 위에 높으시도다"

8) 시편 135:1-3

"할렐루야 여호와의 이름을 찬송하라 여호와의 종들아 찬송하라 여호와의 집 우리 하나님의 전정에 섰는 너희여 여호와를 찬송하라 여호와는 선하시며 그 이름이 아름다우니 그 이름을 찬양하라"

9) 시편 146:1-5

"할렐루야 내 영혼아 여호와를 찬양하라 나의 생전에 여호와를 찬양하며 나의 평생에 내 하나님을 찬송하리로다 방백들을 의지하지 말며 도울 힘이 없는 인생도 의지하지 말지니 그 호흡이 끊어지면 흙으로 돌아가서 당일에 그 도모가 소멸하리로다 야곱의 하나님으로 자기 도움을 삼으며 여호와 자기 하나님에게 그 소망을 두는 자는 복이 있도다"

10) 시편 148:1-5

"할렐루야 하늘에서 여호와를 찬양하며 높은 데서 찬양할지어다 그의 모든 사자여 찬양하며 모든 군대여 찬양할지어다 해와 달아 찬양하며 광명한 별들아 찬양할지어다 하늘의 하늘도 찬양하며 하늘 위에 있는 물들도 찬양할지어다 그것들이 여호와의 이름을 찬양할 것은 저가 명하시매 지음을 받았음이로다"

11) 시편 149:1-5

"할렐루야 새 노래로 여호와께 노래하며 성도의 회중에서 찬양할지어다 이스라엘은 자기를 지으신 자로 인하여 즐거워하며 시온의 자민은 저희의 왕으로 인하여 즐거워할지어다 춤추며 그의 이름을 찬양하며 소고와 수금으로 그를 찬양할지어다 여호와께서는 자기 백성을 기뻐하시며 겸손한 자를 구원으로 아름답게 하심이로다 성도들은 영광 중에 즐거워하며 저희 침상에서 기쁨으로 노래할지어다"

12) 시편 150:1-6

"할렐루야 그 성소에서 하나님을 찬양하며 그 권능의 궁창에서 그를 찬양할지어다 그의 능하신 행동을 인하여 찬양하며 그의 지극히 광대하심을 좇아 찬양할지어다 나팔 소리로 찬양하며 비파와 수금으로 찬양할지어다 소고 치며 춤추어 찬양하며 현악과 통소로 찬양할지어다 큰 소리 나는 제금으로 찬양하며 높은 소리 나는 제금으로 찬양할지어다 호흡이 있는 자마다 여호와를 찬양할지어다 할렐루야"

3. 간구와 말씀선포

1) 시편 79:9

"우리 구원의 하나님이여 주의 이름의 영광을 위하여 우리를 도우시며 주의 이름을 위하여 우리를 건지시며 우리 죄를 사하소서"

2) 시편 84:5-8

"주께 힘을 얻고 그 마음에 시온의 대로가 있는 자는 복이 있나이다 저희는 눈물 골짜기로 통행할 때에 그곳으로 많은 샘의 곳이 되게 하며 이른 비도 은택을 입히나이다 저희는 힘을 얻고 더 얻어 나아가 시온에서 하나님 앞에 각기 나타나리이다 만군의 하나님 여호와여 내 기도를 들으소서 야곱의 하나님이여 귀를 기울이소서(셀라)"

3) 시편 116:1-6

"여호와께서 내 음성과 내 간구를 들으시므로 내가 저를 사랑하는도다 그 귀를 내게 기울이셨으므로 내가 평생에 기도하리로다 사망의 줄이 나를 두르고 음부의 고통이 내게 미치므로 내가 환난과 슬픔을 만났을 때에 내가 여호와의 이름으로 기도하기를 여호와여 주께 구하오니 내 영혼을 건지소서 하였도다 여호와는 은혜로우시며 의로우시며 우리 하나님은 자비하시도다 여호와께서는 어리석은 자를 보존하시나니 내가 낮게 될 때에 나를 구원하셨도다"

4) 시편 66:16-20

"하나님을 두려워하는 너희들아 다 와서 들으라 하나님이 내 영혼을 위하여 행하신 일을 내가 선포하리로다 내가 내 입으로 그에게 부르짖으며 내 혀로 높이 찬송하였도다 내가 내 마음에 죄악을 품으면 주께서 듣지 아니하시리라 그러나 하나님이 실로 들으셨으며 내 기도 소리에 주의하셨도다 하나님을 찬송하리로다 저가 내 기도를 물리치지 아니하시고 그 인자하심을 내게서 거두지도 아니하셨도다"

5) 시편 78:1-4

"내 백성이여, 내 교훈을 들으며 내 입의 말에 귀를 기울일지어다 내가 입을 열고 비유를 베풀어서 옛 비밀한 말을 발표하리니 이는 우리가 들은 바요 아는 바요 우리 열조가 우리에게 전한 바라 우리가 이를 그 자손에게 숨기지 아니하고 여호와의 영예와 그 능력과 기이한 사적을 후대에 전하리로다"

6) 시편 77:10-12

"또 내가 말하기를 이는 나의 연약함이라 지존자의 오른손의 해 곧 여호와의 옛적 기사를 기억하여 그 행하신 일을 진술하리이다 또 주의 모든 일을 묵상하며 주의 행사를 깊이 생각하리이다"

7) 사도행전 2:17-21

"하나님이 가라사대 말세에 내가 내 영으로 모든 육체에게 부어 주리니 너희의 자녀들은 예언할 것이요 너희의 젊은이들은 환상을 보고 너희의 늙은이들은 꿈을 꾸리라 그 때에 내가 내 영으로 내 남종과 여종들에게 부어 주리니 저희가 예언할 것이요 또 내가 위로 하늘에서는 기사와 아래로 땅에서는 징조를 베풀리니 곧 피와 불과 연기로다 주의 크고 영화로운 날이 이르기 전에 해가 변하여 어두워지고 달이 변하여 피가 되리라 누구든지 주의 이름을 부르는 자는 구원을 얻으리라 하였느니라"

8) 사도행전 2:25-28

"다윗이 저를 가리켜 가로되 내가 항상 내 앞에 계신 주를 뵈었음이여 나로 요동치 않게 하기 위하여 그가 내 우편에 계시도다 이러므로 내 마음이 기뻐하였고 내 입술도 즐거워하였으며 육체는 희망에 거하리니 이는 내 영혼을 음부에 버리지 아니하시며 주의 거룩한 자로 썩음을 당치 않게 하실 것임이로다 주께서 생명의 길로 내게 보이셨으니 주의 앞에서 나로 기쁨이 충만하게 하시리로다 하였으니"

9) 마태복음 5:1-12

"예수께서 무리를 보시고 산에 올라가 앉으시니 제자들이 나아온지라 입을 열어 가르쳐 가라사대 심령이 가난한 자는 복이 있나니 천국이 저희 것임이요 애통하는 자는 복이 있나니 저희가 위로를 받을 것임이요 온유한 자는 복이 있나니 저희가 땅을 기업으로 받을 것임이요 의에 주리고 목마른 자는 복이 있나니 저희가 배부를 것임이요 긍휼히 여기는 자는 복이 있나니 저희가 긍휼히 여김을 받을 것임이요 마음이 청결한 자는 복이 있나니 저희가 하나님을 볼 것임이요 화평케 하는 자는 복이 있나니 저희가 하나님의 아들이라 일컬음을 받을 것임이요 의를 위하여 핍박을 받은 자는 복이 있나니 천국이 저희 것임이라 나를 인하여 너희를 욕하고 핍박하고 거짓으로 너희를 거스려 모든 악한 말을 할 때에는 너희에게 복이 있나니 기뻐하고 즐거워하라 하늘에서 너희의 상이 큼이라 너희 전에 있던 선지자들을 이같이 핍박하였느니라"

10) 마태복음 5:13-16

"너희는 세상의 소금이니 소금이 만일 그 맛을 잃으면 무엇으로 짜게 하리요 후에는 아무 쓸데 없어 다만 밖에 버리워 사람에게 밟힐 뿐이니라 너희는 세상의 빛이라 산 위에 있는 동네가 숨기우지 못할 것이요 사람이 등불을 켜서 말 아래 두지 아니하고 등경 위에 두나니 이러므로 집안 모든 사람에게 비취느니라 이같이 너희 빛을 사람 앞에 비취게 하여 저희로 너희 착한 행실을 보고 하늘에 계신 너희 아버지께 영광을 돌리게 하라"

11) 마태복음 5:38-42

"눈은 눈으로, 이는 이로 갚으라 하였다는 것을 너희가 들었으나 나는 너희에게 이르노니 악한 자를 대적지 말라 누구든지 네 오른편 뺨을 치거든 왼편도 돌려 대며 또 너를 송사하여 속옷을 가지고자 하는 자에게 겉옷까지도 가지게 하며 또 누구든지 너로 억지로 오 리를 가게 하거든 그 사람과 십 리를 동행하고 네게 구하는 자에게 주며 네게 꾸고자 하는 자에게 거절하지 말라"

12) 마태복음 5:43-48

"또 네 이웃을 사랑하고 네 원수를 미워하라 하였다는 것을 너희가 들었으나 나는 너희에게 이르노니 너희 원수를 사랑하며 너희를 핍박하는 자를 위하여 기도하라 이같이 한즉 하늘에 계신 너희 아버지의 아들이 되리니 이는 하나님이 그 해를 악인과 선인에게 비춰게 하시며 비를 의로운 자와 불의한 자에게 내리우심이니라 너희가 너희를 사랑하는 자를 사랑하면 무슨 상이 있으리요 세리도 이같이 아니하느냐 또 너희가 너희 형제에게만 문안하면 남보다 더 하는 것이 무엇이냐 이방인들도 이같이 아니하느냐 그러므로 하늘에 계신 너희 아버지의 온전하심과 같이 너희도 온전하라"

13) 마태복음 6:9-13

"그러므로 너희는 이렇게 기도하라 하늘에 계신 우리 아버지여 이름이 거룩히 여김을 받으시오며 나라이 임하옵시며 뜻이 하늘에서 이룬 것 같이 땅에서도 이루어지이다 오늘날 우리에게 일용할 양식을 주옵시고 우리가 우리에게 죄 지은 자를 사하여 준 것 같이 우리 죄를 사하여 주옵시고 우리를 시험에 들게 하지 마옵시고 다만 악에서 구하옵소서 (나라와 권세와 영광이 아버지께 영원히 있사옵나이다 아멘)"

14) 마태복음 6:26-33

"공중의 새를 보라 심지도 않고 거두지도 않고 창고에 모아 들이지도 아니하되 너희 천부께서 기르시나니 너희는 이것들보다 귀하지 아니하냐 너희 중에 누가 염려함으로 그 키를 한 자나 더할 수 있느냐 또 너희가 어찌 의복을 위하여 염려하느냐 들의 백합화가 어떻게 자라는가 생각하여 보아라 수고도 아니하고 길쌈도 아니하느니라 그러나 내가 너희에게 말하노니 솔로몬의 모든 영광으로도 입은 것이 이 꽃 하나만 같지 못하였느니라 오늘 있다가 내일 아궁이에 던지우는 들풀도 하나님이 이렇게 입히시거든 하물며 너희일까보냐 믿음이 적은 자들아 그러므로 염려하여 이르기를 무엇을 먹을까 무엇을 마실까 무엇을 입을까 하지 말라 이는 다 이방인들이 구하는 것이라 너희 천부께서 이 모든 것이 너희에게 있어야 할 줄을 아시느니라 너희는 먼저 그의 나라와 그의 의를 구하라 그리하면 이 모든 것을 너희에게 더하시리라"

15) 마태복음 7:7-12

"구하라 그러면 너희에게 주실 것이요 찾으라 그러면 찾을 것이요 문을 두드리라 그러면 너희에게 열릴 것이니 구하는 이마다 얻을 것이요 찾는 이가 찾을 것이요 두드리는 이에게 열릴 것이니라 너희 중에 누가 아들이 떡을 달라 하면 돌을 주며 생선을 달라 하면 뱀을 줄 사람이 있겠느냐 너희가 악한 자라도 좋은 것으로 자식에게 줄 줄 알거든 하물며 하늘에 계신 너희 아버지께서 구하는 자에게 좋은 것으로 주시지 않겠느냐 그러므로 무엇이든지 남에게 대접을 받고자 하는대로 너희도 남을 대접하라 이것이 율법이요 선지자니라"

16) 이사야 11:1-9

"이새의 줄기에서 한 싹이 나며 그 뿌리에서 한 가지가 나서 결실할 것이요 여호와의 신 곧 지혜와 총명의 신이요 모략과 재능의 신이요 지식과 여호와를 경외하는 신이 그 위에 강림하시리니 그가 여호와를 경외함으로 즐거움을 삼을 것이며 그 눈에 보이는 대로 심판치 아니하며 귀에 들리는 대로 판단치 아니하며 공의로 빈핍한 자를 심판하며 정직으로 세상의 겸손한 자를 판단할 것이며 그 입의 막대기로 세상을 치며 입술의 기운으로 악인을 죽일 것이며 공의로 그 허리띠를 삼으며 성실로 몸의 띠를 삼으리라 그 때에 이리가 어린 양과 함께 거하며 표범이 어린 염소와 함께 누우며 송아지와 어린 사자와 살찐 짐승이 함께 있어 어린 아이에게 끌리며 암소와 곰이 함께 먹으며 그것들의 새끼가 함께 엎드리며 사자가 소처럼 풀을 먹을 것이며 젖먹는 아이가 독사의 구멍에서 장난하며 젖뗀 어린 아이가 독사의 굴에 손을 넣을 것이라 나의 거룩한 산 모든 곳에서 해됨도 없고 상함도 없을 것이니 이는 물이 바다를 덮음 같이 여호와를 아는 지식이 세상에 충만할 것임이니라"

17) 이사야 60:1-3

"일어나라 빛을 발하라 이는 네 빛이 이르렀고 여호와의 영광이 네 위에 임하였음이니라 보라 어두움이 땅을 덮을 것이며 캄캄함이 만민을 가리우려니와 오직 여호와께서 네 위에 임하실 것이며 그 영광이 네 위에 나타나리니 열방은 네 빛으로, 열왕은 비취는 네 광명으로 나아오리라"

18) 이사야 61:1-3

"주 여호와의 신이 내게 임하셨으니 이는 여호와께서 내게 기름을 부으사 가난한 자에게 아름다운 소식을 전하게 하려 하심이라 나를 보내사 마음이 상한 자를 고치며 포로된 자에게 자유를, 갇힌 자에게 놓임을 전파하며 여호와의 은혜의 해와 우리 하나님의 신원의 날을 전파하여 모든 슬픈 자를 위로하되 무릇 시온에서 슬

퍼하는 자에게 화관을 주어 그 재를 대신하며 희락의 기름으로 그 슬픔을 대신하
며 찬송의 옷으로 그 근심을 대신하시고 그들로 의의 나무 곧 여호와의 심으신 바
그 영광을 나타낼 자라 일컬음을 얻게 하려 하심이니라"

19) 이사야 42:1-4

"내가 붙드는 나의 종, 내 마음에 기뻐하는 나의 택한 사람을 보라 내가 나의 신을
그에게 주었은즉 그가 이방에 공의를 베풀리라 그는 외치지 아니하며 목소리를
높이지 아니하며 그 소리로 거리에 들리게 아니하며 상한 갈대를 꺾지 아니하며
꺼져가는 등불을 끄지 아니하고 진리로 공의를 베풀 것이며 그는 쇠하지 아니하
며 낙담하지 아니하고 세상에 공의를 세우기에 이르리니 섬들이 그 교훈을 앙망
하리라"

20) 이사야 41:8-13

"그러나 나의 종 너 이스라엘아 나의 택한 야곱아 나의 벗 아브라함의 자손아 내
가 땅 끝에서부터 너를 붙들며 땅 모퉁이에서부터 너를 부르고 네게 이르기를 너
는 나의 종이라 내가 너를 택하고 싫어버리지 아니하였다 하였노라 두려워 말라
내가 너와 함께 함이니라 놀라지 말라 나는 네 하나님이 됨이니라 내가 너를 굳세
게 하리라 참으로 너를 도와주리라 참으로 나의 의로운 오른손으로 너를 붙들리
라 보라 네게 노하던 자들이 수치와 욕을 당할 것이요 너와 다투는 자들이 아무
것도 아닌 것 같이 될 것이며 멸망할 것이라 네가 찾아도 너와 싸우던 자들을 만
나지 못할 것이요 너를 치는 자들은 아무 것도 아닌 것 같이, 허무한 것 같이 되리
니 이는 나 여호와 너의 하나님이 네 오른손을 붙들고 네게 이르기를 두려워 말라
내가 너를 도우리라 할 것임이니라"

21) 이사야 40:27-31

"야곱아 네가 어찌하여 말하며 이스라엘아 네가 어찌하여 이르기를 내 사정은 여
호와께 숨겨졌으며 원통한 것은 내 하나님에게서 수리하심을 받지 못한다 하느
냐 너는 알지 못하였느냐 듣지 못하였느냐 영원하신 하나님 여호와, 땅 끝까지 창
조하신 자는 피곤치 아니하시며 곤비치 아니하시며 명철이 한이 없으시며 피곤
한 자에게는 능력을 주시며 무능한 자에게는 힘을 더하시나니 소년이라도 피곤
하며 곤비하며 장정이라도 넘어지며 자빠지되 오직 여호와를 앙망하는 자는 새
힘을 얻으리니 독수리의 날개치며 올라감 같을 것이요 달음박질하여도 곤비치
아니하겠고 걸어가도 피곤치 아니하리로다"

22) 요한복음 1:1-4

"태초에 말씀이 계시니라 이 말씀이 하나님과 함께 계셨으니 이 말씀은 곧 하나님이시니라 그가 태초에 하나님과 함께 계셨고 만물이 그로 말미암아 지은 바 되었으니 지은 것이 하나도 그가 없이는 된 것이 없느니라 그 안에 생명이 있었으니 이 생명은 사람들의 빛이라"

23) 요한복음 1:12

"영접하는 자 곧 그 이름을 믿는 자들에게는 하나님의 자녀가 되는 권세를 주셨으니"

24) 요한복음 6:35

"예수께서 가라사대 내가 곧 생명의 떡이니 내게 오는 자는 결코 주리지 아니할 터이요 나를 믿는 자는 영원히 목마르지 아니하리라"

25) 요한복음 4:13-14, 23-24

"예수께서 대답하여 가라사대 이 물을 먹는 자마다 다시 목마르려니와 내가 주는 물을 먹는 자는 영원히 목마르지 아니하리니 나의 주는 물은 그 속에서 영생하도록 솟아나는 샘물이 되리라"

"아버지께 참으로 예배하는 자들은 신령과 진정으로 예배할 때가 오나니 곧 이 때라 아버지께서는 이렇게 자기에게 예배하는 자들을 찾으시느니라 하나님은 영이시니 예배하는 자가 신령과 진정으로 예배할지니라"

26) 요한복음 12:24-26

"내가 진실로 진실로 너희에게 이르노니 한 알의 밀이 땅에 떨어져 죽지 아니하면 한 알 그대로 있고 죽으면 많은 열매를 맺느니라 자기 생명을 사랑하는 자는 잃어버릴 것이요 이 세상에서 자기 생명을 미워하는 자는 영생하도록 보존하리라 사람이 나를 섬기려면 나를 따르라 나 있는 곳에 나를 섬기는 자도 거기 있으리니 사람이 나를 섬기면 내 아버지께서 저를 귀히 여기시리라"

27) 요한복음 14:1-7

"너희는 마음에 근심하지 말라 하나님을 믿으니 또 나를 믿으라 내 아버지 집에 거할 곳이 많도다 그렇지 않으면 너희에게 일렀으리라 내가 너희를 위하여 처소를 예비하러 가노니 가서 너희를 위하여 처소를 예비하면 내가 다시 와서 너희를 내게로 영접하여 나 있는 곳에 너희도 있게 하리라 내가 가는 곳에 그 길을 너희가 알리라 도마가 가로되 주여 어디로 가시는지 우리가 알지 못하거늘 그 길을 어찌 알겠삽나이까 예수께서 가라사대 내가 곧 길이요 진리요 생명이니 나로 말미암지 않고는 아버지께로 올 자가 없느니라 너희가 나를 알았더면 내 아버지도 알았으리로다 이제부터는 너희가 그를 알았고 또 보았느니라"

28) 요한복음 3:16-17, 21

"하나님이 세상을 이처럼 사랑하사 독생자를 주셨으니 이는 저를 믿는 자마다 멸망치 않고 영생을 얻게 하려 하심이니라 하나님이 그 아들을 세상에 보내신 것은 세상을 심판하려 하심이 아니요 저로 말미암아 세상이 구원을 받게 하려 하심이라"

"진리를 좇는 자는 빛으로 오나니 이는 그 행위가 하나님 안에서 행한 것임을 나타내려 함이라 하시니라"

29) 요한복음 15:1-10

"내가 참 포도나무요 내 아버지는 그 농부라 무릇 내게 있어 과실을 맺지 아니하는 가지는 아버지께서 이를 제해 버리시고 무릇 과실을 맺는 가지는 더 과실을 맺게 하려 하여 이를 깨끗케 하시느니라 너희는 내가 일러 준 말로 이미 깨끗하였으니 내 안에 거하라 나도 너희 안에 거하리라 가지가 포도나무에 붙어 있지 아니하면 절로 과실을 맺을 수 없음 같이 너희도 내 안에 있지 아니하면 그러하리라 나는 포도나무요 너희는 가지니 저가 내 안에, 내가 저 안에 있으면 이 사람은 과실을 많이 맺나니 나를 떠나서는 너희가 아무 것도 할 수 없음이라 사람이 내 안에 거하지 아니하면 가지처럼 밖에 버리워 말라지나니 사람들이 이것을 모아다가 불에 던져 사르느니라 너희가 내 안에 거하고 내 말이 너희 안에 거하면 무엇이든지 원하는 대로 구하라 그리하면 이루리라 너희가 과실을 많이 맺으면 내 아버지께서 영광을 받으실 것이요 너희가 내 제자가 되리라 아버지께서 나를 사랑하신 것 같이 나도 너희를 사랑하였으니 나의 사랑 안에 거하라 내가 아버지의 계명을 지켜 그의 사랑 안에 거하는 것 같이 너희도 내 계명을 지키면 내 사랑 안에 거하리라"

30) 요한복음 15:11-17

"내가 이것을 너희에게 이름은 내 기쁨이 너희 안에 있어 너희 기쁨을 충만하게 하려 함이니라 내 계명은 곧 내가 너희를 사랑한 것 같이 너희도 서로 사랑하라 하는 이것이니라 사람이 친구를 위하여 자기 목숨을 버리면 이에서 더 큰 사랑이 없나니 너희가 나의 명하는 대로 행하면 곧 나의 친구라 이제부터는 너희를 종이라 하지 아니하리니 종은 주인의 하는 것을 알지 못함이라 너희를 친구라 하였노니 내가 내 아버지께 들은 것을 다 너희에게 알게 하였음이니라 너희가 나를 택한 것이 아니요 내가 너희를 택하여 세웠나니 이는 너희로 가서 과실을 맺게 하고 또 너희 과실이 항상 있게 하여 내 이름으로 아버지께 무엇을 구하든지 다 받게 하려 함이니라 내가 이것을 너희에게 명함은 너희로 서로 사랑하게 하려 함이로라"

4. 하나님의 복을 선언

1) 시편 67:5-7

"하나님이여 민족들로 주를 찬송케 하시며 모든 민족으로 주를 찬송케 하소서 땅이 그 소산을 내었도다 하나님 곧 우리 하나님이 우리에게 복을 주시리로다 하나님이 우리에게 복을 주시리니 땅의 모든 끝이 하나님을 경외하리로다"

2) 출애굽기 20:24

"내게 토단을 쌓고 그 위에 너의 양과 소로 너의 번제와 화목제를 드리라 내가 무릇 내 이름을 기념하게 하는 곳에서 네게 강림하여 복을 주리라"

3) 신명기 28:2-6

"네가 네 하나님 여호와의 말씀을 순종하면 이 모든 복이 네게 임하며 네게 미치리니 성읍에서도 복을 받고 들에서도 복을 받을 것이며 네 몸의 소생과 네 토지의 소산과 네 짐승의 새끼와 우양의 새끼가 복을 받을 것이며 네 광주리와 떡반죽 그릇이 복을 받을 것이며 네가 들어와도 복을 받고 나가도 복을 받을 것이니라"

4) 신명기 11:8-12

"그러므로 너희는 내가 오늘날 너희에게 명하는 모든 명령을 지키라 그리하면 너희가 강성할 것이요 너희가 건너가서 얻을 땅에 들어가서 그것을 얻을 것이며 또 여호와께서 너희의 열조에게 맹세하사 그와 그 후손에게 주리라고 하신 땅 곧 젖과 꿀이 흐르는 땅에서 너희의 날이 장구하리라 네가 들어가 얻으려 하는 땅은 네가 나온 애굽 땅과 같지 아니하니 거기서는 너희가 파종한 후에 발로 물대기를 채소밭에 댐과 같이 하였거니와 너희가 건너가서 얻을 땅은 산과 골짜기가 있어서 하늘에서 내리는 비를 흡수하는 땅이요 네 하나님 여호와께서 권고하시는 땅이라 세초부터 세말까지 네 하나님 여호와의 눈이 항상 그 위에 있느니라"

5) 민수기 6:24-26

"여호와는 네게 복을 주시고 너를 지키시기를 원하며 여호와는 그 얼굴로 네게 비취사 은혜 베푸시기를 원하며 여호와는 그 얼굴을 네게로 향하여 드사 평강주시기를 원하노라 할지니라 하라"

찬송이란?

※ 여기에 성경을 읽으며 느껴지는 대로 '찬송이란?' 을 적어 보았습니다.
계속이어서 자신이 생각하는 찬송이란 무엇인가를 적어 봅시다.

찬송은 신앙인의 노래입니다.

찬송은 신앙인의 기도입니다.

찬송은 신앙고백입니다.

찬송은 신앙인의 평생에 부를 노래입니다(시 146:2).

찬송은 하나님을 경배하는 것입니다(시 66:4).

찬송은 하나님의 이름을 높이는 것입니다.

찬송은 하나님의 속성을 노래하는 것입니다(시 101:1).

찬송은 믿음의 확신입니다.

찬송은 간증입니다.

찬송은 하나님의 역사하심에 대한 경험입니다(시 9:14).

찬송은 하나님의 행하시는 일을 노래하는 것입니다(욥 36:24).

찬송은 하나님께로부터 오는 것입니다(시 22:25).

찬송은 끊이지 않고 드려져야합니다(시 35:28; 시 72:15).

찬송을 통하여 하나님의 위엄을 드러냅니다(시40:3).

찬송은 하나님의 창조의 세계에 충만합니다(시 48:10).

찬송은 입으로 드리는 것입니다(시 51:15; 66:17).

찬송은 늘 새롭게 부르는 노래입니다(시 149:1).

찬송은 마음으로부터 드리는 것입니다(엡 5:19).

찬송은 즐거운 마음으로 부르는 것입니다(삿 5:2).

찬송은 감사한 마음으로 부르는 노래입니다(시시 147:7).

찬송은 온 마음으로 부르는 것입니다(시 86:12).

찬송으로 신앙인이 서로 교제합니다(스 3:11).

찬송은 하나님의 영광을 노래합니다(시 66:2상).

찬송은 신앙인의 모임 중에 있습니다(고전 14:26).

찬송은 모든 악기를 동원하여 부르는 것입니다(시 15:3-5; 대하 30:21).

찬송은 춤을 추며 부르는 노래입니다(시 149:3).

찬송은 소리를 내어 부르는 노래입니다.

찬송은 온 땅이 할 일입니다(시 66:1; 사 62:7).

찬송은 모든 사람이 할 일입니다.

찬송은 정직한자의 마땅히 할 일입니다(시 33:1).

하늘이 찬양합니다(시 148:1상).

해와 달과 광명한 별들이 찬양합니다(시 148:3).

하늘과 물들이 찬양합니다(시 148:4).

모든 사자와 군대가 찬양해야합니다(시 148:2).

찬송은 높은 하늘에서나 낮은 땅에서도 불려 져야 합니다(시 14:1하, 7).

찬송은 고난중에도 부르는 노래입니다(시 137:3).

찬송은 여호와의 말씀을 믿고 부르는 것입니다(시 106:12).

찬송은 하나님의 말씀을 선포하는 것입니다(시 56:4).

찬송은 영원한 노래입니다(시 111:10).

찬송은 하나님의 가르침을 받은 자의 노래입니다(시 119:171)

찬송은 하나님을 찾는 이들이 부르는 노래입니다.

찬송은 하나님께 나아가는 이들의 노래입니다.

찬송은 언제나 어디서나 부르는 노래입니다.

찬송은 하나님의 전에 선 자의 노래입니다.

하나님께 순종하는 이들의 노래입니다(대상 16:36).

찬송은 하나님께 영광을 돌리는 것입니다(눅 2:20).

찬송은 오직 하나님께 드리는 것입니다(사 42:8).

찬송은 하나님의 임재를 기뻐하며 노래하는 것입니다.

찬송은 하나님을 영화롭게 불러야합니다(시 662하).

찬송은 신앙의 선포입니다.

찬송은 하나님의 뜻을 전하는 것입니다.

찬송은 하나님께 영광을 돌리는 것입니다.

찬송은 신앙인의 옷과 같습니다(사 61:3).

하나님께서 찬송을 통하여 위로하십니다.

하나님께서 찬송을 통하여 소망을 주십니다.

하나님께서 찬송을 통하여 감화시키십니다.

하나님께서 신앙인의 찬송 중에 계십니다(시 22:3).

찬송은 하나님께서 받으시는 것입니다(시 18:3).

찬송은 하나님께서 아름답게 보시는 것입니다(시 147:1).

하나님은 찬송을 받으시기에 합당하신 분이십니다((계 5:12).

저자 이규동 목사는

서울장신대학교,

장로회신학대학,

연세대연합신학대학원,

한국복음신학연구원,

Faith Theological Seminary,

United Theological Seminary(Th.D).

Th.D 논문으로는 『복음서에 나타난 예수 그리스도의 복음』을 썼다.

현재는 교육목사로 사역하고 있으며, 한국복음신학연구원에서 강의를 하고 있습니다.

E-mail: poimen2000@hanmail.net

포이멘 100클럽 105

찬송

초판 인쇄일 · 2003년 11월 15일
초판 발행일 · 2003년 11월 20일

지은이 / 이규동
발행인 / 설영환
발행처 / 생명의샘
등록 / 2001. 7. 31
등록번호 / 제22-657호
주소 / 서울특별시 송파구 삼전동 65
전화 / (02) 419-1451
팩스 / (02) 419-1452

가격 3,500원

* 잘못된 책은 바꾸어 드립니다.

ISBN   89-86751-16-X   03230